Comment se débarrasser de son psychanalyste

Du même auteur

Comment choisir son psychanalyste

Éditions du Seuil, Coll. « Point-Virgule »,
1987

Oreste Saint-Drôme

Comment se débarrasser de son psychanalyste

15 scénarios possibles, plus un

Illustrations de Jean-Jacques Sempé

Éditions du Seuil

COLLECTION DIRIGÉE PAR NICOLE VIMARD
AVEC EDMOND BLANC ET CLAUDE DUNETON

CE LIVRE A ÉTÉ ÉDITÉ
SOUS LA DIRECTION DE NATHALIE SAVARY

EN COUVERTURE : dessin de Sempé.

ISBN 2-02-009914-4

— Je suis heureux, très heureux. Mais il faut que je m'arrête pour faire le point.

A l'attention de Woody Allen
et de quelques autres

Remerciements

A tous les orphelins de la psychanalyse, à tous les pupilles de la chose freudienne qui nous ont relaté leurs heurs et malheurs autour de la perte consentie de leur analyste.

Prélude à l'ouverture

Grâce à un précédent ouvrage, présent dans toutes les mémoires, *Comment choisir son psychanalyste ?**, nous avons précipité des milliers d'innocents dans l'aventure analytique.

Obnubilés par l'urgence de combler le vide de la littérature mondiale sur l'entrée dans la danse freudienne, nous avions mis de côté l'ultime figure du tango : la fin de l'analyse.

Devant l'afflux de lettres parvenant par colis postaux aux Éditions du Seuil, et posant cette question angoissée : « C'est pas tout ça, et maintenant comment en sortir ? », nous avons constaté avec horreur que les ouvrages de référence manquaient cruellement sur ce sujet. Bien sûr, Freud s'est exprimé sur ce thème. Certains

* Où le lecteur trouvera la définition des termes suivis d'un *.

de ses disciples *itou*. Mais, comme toujours, la complexité terminologique et idéique des écrits du maître et des épigones risque de rebuter l'analysant de base. Il nous a donc fallu replonger la plume dans l'encrier pour parachever notre œuvre de salubrité publique.

Entendons-nous bien. Il s'agit de traiter ici non pas de l'arrêt (chose éminemment facile, certains ayant arrêté une bonne quinzaine de fois), mais de la *fin* de l'analyse, qui ne doit pas se confondre avec celle de votre existence ici-bas.

Existe-t-il une terminaison naturelle à l'analyse ? Autant le dire d'emblée, la psychanalyse est l'antimodèle d'un processus naturel. Sa fin, comme son début et son déroulement, ne peut se réaliser qu'au travers d'une élaboration culturelle. La seule question qui se pose est celle du Cru ou du Cuit. Disons, pour simplifier, que l'arrêt s'apparente à l'ingestion d'un radis noir et que l'analyse est finie lorsque les carottes sont cuites.

Ouverture

Vous avez parfaitement intégré — depuis plus d'une décennie que vous usez le dessus d'un divan — que le tempo de la thérapeutique analytique est aux antipodes de la hâte qui règne dans l'*american way of life*. Vous savez en outre, depuis toujours, que les meilleures choses ont une fin. Alors vous tremblez devant l'impensable, la quintessence de l'horrible : la fin, la suspension définitive du processus avec lequel vous vivez depuis si longtemps (processus tellement présent dans votre quotidienneté que vous en êtes parfois à vous demander si ce n'est pas lui qui vous fait vivre). Et comme vous vous êtes souvenu il y a une quinzaine de jours du dernier biberon que vous ingurgitâtes au décours de votre première année et des affres que vous subîtes après la perte de cet objet bien

— Quand je suis déprimé, les raisons pour lesquelles je suis déprimé sont profondes, essentielles, fondamentales. Il m'arrive d'être heureux, bien sûr. Mais les raisons pour lesquelles je suis heureux sont si futiles, si ténues, que ça me déprime.

identifié, vous craignez à juste titre le sevrage.

Savoir si vous en avez définitivement terminé avec le parcours analytique est une opération complexe, si elle est laissée à votre propre évaluation, et fort périlleuse, si elle repose sur la seule appréciation de votre analyste. C'est pourquoi nous avons mis au point une batterie de tests (connue sous le nom d'échelle d'Oreste Saint-Drôme). Dans ce domaine, foin de la subjectivité : la science, toujours la science.

Commencez par répondre — en ne cochant qu'un seul item — à toutes les questions qui vont suivre. Elles vous surprendront peut-être, au premier coup d'œil, puisqu'on semble n'y parler que de bouffe. Et alors ?

L'idée d'associer plaisirs de la table et structure psychique — et de faire découler celle-ci de ceux-là — n'est pas si farfelue qu'il y paraît de prime abord. Si les conduites alimentaires — ce que l'on mange, la manière dont on le mange et en quelle compagnie on le mange — sont révélatrices de vos névroses, c'est qu'elles les expriment autant, sinon plus, que tous vos beaux discours sur le « diwan ».

Vous comprendrez aisément pourquoi nous

n'avons pas testé votre régression phallique et anale. Les questions menaçaient d'exposer notre texte aux foudres de la censure.

Vous êtes à table, qu'est-ce qui vous gêne le plus ?

A — La bouteille est finie, elle (il) n'en commande pas d'autre.
B — Le sel est renversé.
C — Vous trouvez un cheveu dans la soupe.
D — Elle (il) fait du bruit en mangeant.
E — Vous ne pouvez pas essuyer vos couverts avant de vous en servir.

Seul(e) et certain(e) de ne pas être observé(e), à quels délices personnels vous livrez-vous ?

A — Vous léchez le chocolat au fond de la casserole.
B — Vous rongez avidement l'os du gigot en le tenant à pleines mains.
C — Vous sucez pendant une heure le moindre filament de votre noyau de pêche.
D — Vous mangez les sardines à même la boîte.

E — Vous buvez du champagne dans un verre à moutarde.

En prévision d'une disette, que stockeriez-vous ?

A — Rien, j'irais chez une copine.
B — Sel, riz, huile, pâtes.
C — Perrier pour le whisky.
D — Lessive Saint-Marc et naphtaline.
E — Deux cents kilos de confit d'oie.

Pour une somme dix fois supérieure au montant de votre analyse, quel plat accepteriez-vous d'ingurgiter ?

A — Du python farci.
B — De la fricassée de chien.
C — De la cervelle de singe vivant.
D — Une petite friture d'araignées.
E — Des cuisses de souris sauce moutarde.

Si vous deviez reprendre de quelque chose, que choisiriez-vous ?

A — Des amuse-gueules.

B — Jamais deux fois c'est un principe.
C — De l'eau plate.
D — Du plat de résistance.
E — Des desserts.

Parmi les phrases suivantes, laquelle n'oseriez-vous peut-être pas dire mais penseriez-vous sûrement ?

A — Ah non merci, je n'en mange jamais.
B — J'aime bien les concombres mais ce sont eux qui ne m'aiment pas.
C — Des haricots blancs pas question parce que...
D — Ça va sûrement me rendre malade, mais pour cette fois tant pis.
E — Des fraises des bois quelle horreur, ça va me refiler une urticaire géante !

A la première bouchée, votre compagne(gnon) de table esquisse une grimace, que vous vient-il immédiatement à l'esprit ?

A — J'y suis peut-être allé(e) un peu fort sur le poivre.

B — Allons bon, il (elle) a un ulcère, j'aurais dû m'en douter.
C — Il (elle) n'aime pas ça, moi qui m'étais donné tant de mal.
D — Chouette, ça ne va pas s'éterniser.
E — Qu'est-ce que j'ai pu dire qui le fasse rire ?

Au hit-parade de la gourmandise, laquelle de ces héroïnes vous semble devoir l'emporter ?

A — Anna Freud.
B — Mélanie Klein.
C — Hélène Deutsch.
D — Bertha Pappenheim.
E — Marie Bonaparte.

Vous avez réussi le prodige de choisir une seule réponse à chaque question. C'est raté ! Vous n'en êtes qu'aux balbutiements de votre entreprise de démolition.

Vous avez coché tous les items, puisqu'ils vous paraissent à juste titre également pertinents. Bravo ! Vous avez parcouru le dédale analytique jusqu'au stade ultime de la régression cannibale.

En guise de deuxième casserole de notre batterie : un scoop. Nous avons découvert dans une vieille malle pourrissant dans les soupentes de l'asile de Münsterlingen la planche XI du Rorschach, dite « planche de la fin de l'analyse ». Comme les dix autres célèbres taches créées par le psychologue du canton de Thurgovie, cette dernière a été obtenue par pliage symétrique d'un papier préalablement moucheté d'encre. Mais là, l'encre fut sympathique.

La contemplation hébétée de la planche XI, durant plusieurs heures, par plusieurs milliers d'analysants en fin de carrière dans le monde entier, a permis de déterminer exhaustivement dix réponses.

1) Une chauve-souris (G F + A Ban)
2) La roche de Solutré sous la neige (G Est Geo)
3) Dix petits nègres (Dbl K H)
4) Le piston qui fait marcher la machine (D Kob Obj)
5) Les deux branches d'une pince à linge (Dd F + Obj insistance symétrie)

6) Pierrette le Pen en train de passer l'aspirateur (G K H Orig)
7) Trois petites bouses de dromadaire (Do F + Frag)
8) La mirorange de Francis Bouygues (G C choc couleur)
9) Un pénis denté (Dd F – Sex)
10) Vous me prenez pour qui, là, c'est tout blanc votre truc (   )

Comme un heureux hasard frappe toujours deux fois, nous avons retrouvé dans les archives, jusqu'ici tenues secrètes, de la Library of Congress la planche 16 bis du TAT, dite « planche noire ». Dans leur grande sagesse, Morgan et Murray en avaient adapté la passation en prévision de notre utilisation.

Après observation attentive et muette de cette reproduction, vous êtes cordialement invité à choisir l'un des thèmes suivants.

1) Moi, le jour de ma Bar Mitzva, en train de jouer du violon
2) Ce que l'on voit du haut de la cathédrale de Strasbourg
3) Le jour où ma mère a surpris ma sœur, sa main dans la culotte du zouave

[redacted]

4) Les faux époux Turenge plongeant dans la baie d'Auckland
5) La Justice et la Vengeance poursuivant le Crime
6) Mon père, ce héros au sourire si doux, suivi de son hussard
7) Monsieur Propre se mirant dans son lavabo
8) L'homme invisible
9) Louis XI faisant un pied de nez au Cardinal de la Balue coincé dans sa fillette
10) J'y vois que du noir

Seules les réponses numéro 10 à la planche XI du Rorschach et à la planche 16 bis du TAT sont considérées comme pertinentes pour valider la fin de l'analyse. Elles prouvent, en effet, que des années de canap' ont totalement restauré votre sens de la réalité et que vous ne prenez plus votre vessie pour une lanterne.

Si, après ces savants calculs, vous vous situez au sommet de l'échelle d'Oreste Saint-Drôme, c'est que vous abordez bien la zone des turbulences caractéristiques de la fin. L'affaire est

— Il m'a fallu une grande force dans la vie pour dire « Peut-être » quand je pensais « Non », « Nous verrons » quand je pensais « Oui » et « A bientôt » quand je partais pour de bon.

désormais entendue par vous mais pas forcément par votre analyste. Pourtant vous êtes encore en scène, et le trajet jusqu'à la sortie principale peut emprunter à des scénarios divers et variés. Le plus simple serait évidemment de vous concocter un plan copain-copain qui, dans vos fantasmes, pourrait se dérouler comme suit.

Le scénario copain-copain

Un beau matin, c'est le cas de le dire, vous constatez — divine surprise — que tout ce qui vous avait précipité dans cette histoire tordue a disparu :

— vos manies gluantes,

— vos inhibitions hébétées,

— vos impulsions fracassantes,

— vos phobies de la tour Eiffel (ou de la tour Montparnasse),

— vos conversions hystériques à 180 degrés.

Par ailleurs, votre libido démarre au quart de tour et vous permet Paris-Chartres aller-retour sans lever le pied de l'accélérateur.

Vos différents stades (oral, anal, phallique, etc.) sont désormais soigneusement alignés dans leur ordre d'apparition sur scène.

Vos angoisses vespérales vous permettent de plancher toutes les nuits sur les prolégomènes à toute métaphysique future qui voudrait s'établir comme science.

Votre dépression matinale fond à la simple écoute de Madame Soleil.

Bref, votre inconscient, soigneusement ramoné par votre langage, est prêt à tirer comme une bonne cheminée.

Vous faites fièrement part de ces riantes constatations à votre analyste, qui se réjouit avec vous de cet heureux dénouement borroméen, totalement inespéré.

Votre séparation va se dérouler comme dans les meilleurs divorces : à l'amiable. Chacune des parties du couple analyste-analysant échange, de gré à gré, en toute quiétude, ses arguments. Nul besoin d'avocat. Le différend est rapidement résolu. Aurait-il d'ailleurs jamais existé entre vous une quelconque querelle ?

Dès lors, être capable de se rencontrer pour tailler une bavette ou boire un godet est la preuve — l'unique preuve d'ailleurs dont on dispose dans les œuvres complètes du géniteur de la psychanalyse — qui signe l'issue d'une cure où tout est bien qui finit bien.

Éclaircissons le sens du dernier message freudien. Puisque vous prenez votre psychanalyste pour un autre ordinaire et non plus pour le Grand (autre), inutile de continuer à l'engraisser.

Après vous être congratulés mutuellement, il ne vous reste plus qu'à sortir de son cabinet d'un pas vif pour parcourir, à grandes enjambées, les espaces infinis de votre existence post-analytique.

Dans ce scénario idyllique, tout va bien sur les terres de l'analysant. L'analyste lui-même est persuadé qu'il n'y a plus rien à craindre du côté de la météo pulsionnelle. Aucune calamité climatique ne viendra ravager les récoltes futures du patient, puisque un temps beau et tempéré a été programmé pour toujours par l'analyste.

Inutile de dire que ce type de disjonction qui évoque les rapports d'Adam et Ève avant la pomme ne vous est cité ici que pour la forme. La séparation dans l'euphorie réciproque est à la fin de l'analyse ce que les cigognes qui déposent les bébés dans les choux sont à la naissance : on voudrait désespérément y croire, mais cela ne s'est jamais vu.

Les séjours mirifiques aux jardins de l'Éden n'existant pas, même et surtout après une psychanalyse, il nous faut maintenant traiter de tous ces pauvres mortels qui devront un jour se séparer de leur Dieu alors qu'ils ont été chassés de ce qu'ils croient être le paradis.

Par un souci de clarté — ô combien méritoire dans ce domaine du flou et de l'indicible — nous avons distingué trois grandes rubriques. En effet, que risque-t-il de se passer à partir du moment où vous annoncez à l'analyste votre désir d'en terminer ?

Il se rend à terme à vos arguments et il vous lâche.

Il ne veut rien en savoir et ne vous lâche plus.

L'affaire est bien entendue des deux côtés du divan, mais — catastrophe — c'est *elle* qui ne vous lâche plus.

Il vous lâche

C'est, pensez-vous, la bonne solution. Erreur.

La volonté de largage de votre analyste ne correspond pas toujours avec une fin de cure bien ficelée, comme les scénarios premier et deuxième vont l'exposer.

Par ailleurs, seriez-vous prêt à jurer — croix de bois, croix de fer — que votre détermination à rompre-là est sans faille ? J'veux-t-y ou j'veux-t-y pas ? Faut-y ou faut-y pas ? C'est-y bien le jour, c'est-y bien l'heure ?

Maintenant, plus que jamais, tout se ramène à une question de Désir. D'où la bonne quantité de flou qui enveloppe, c'est un fait d'expérience, votre scénario final.

scénario premier
Se faire déposer à Denfert

Éliminons d'emblée le scénario catastrophe : la méthode *Oliver Twist*, *Chien perdu sans collier*, *Sans famille*. Cette fin s'apparente à la vilaine manie qu'avaient nos ancêtres de déposer leurs nourrissons indésirables au dépôt de l'Assistance publique sis à Denfert-Rochereau, Paris XIVe. Rien à voir avec votre désir.

Lorsque vous vous lançâtes dans l'opération risquée de la psychanalyse, avec toute la fougue et l'ardeur du néophyte, vous pensiez sûrement que son terme vous serait signifié avec aménité par l'analyste qui, en habile obstétricien de votre inconscient, aurait une idée précise sur la date de la délivrance. Ce jour serait — croyiez-vous dans votre candeur — le plus beau de votre vie.

— *Tu ennuies le docteur, Isabelle !*

Et pourtant, lorsqu'il (ou elle) vous annonce : « C'est fini, allez en paix mon enfant », le ciel vous dégringole sur la tête. Déjà ! Vous qui aviez programmé votre prochain plan quinquennal, vous voilà réduit à l'état de stakhanoviste abandonnique !

Mais qu'est-ce qui lui prend ! Il n'entend donc pas que vous en êtes aux prémisses de votre angoisse de castration, que l'ambivalence de votre agressivité vient seulement d'être balbutiée par vos lèvres hésitantes, que vous n'avez même pas ébauché votre clivage du moi, que vous venez juste d'effleurer la face immergée de votre narcissisme, que vous venez à peine d'aborder le virage en épingle à cheveux de votre érotisme urétral ?

En outre, il vous faut revenir sur votre idéal du moi et votre moi idéal, repasser par la position schizoparanoïde, réviser votre névrose actuelle, sans oublier, surtout, votre perversion polymorphe et, c'est essentiel, le sadique anal.

Votre première — et dernière en l'occurrence — idée est que le salaud veut votre peau.

Quel égocentrisme nombrilique ! Quel manque total de prise en cause de l'autre !

Votre panne subite d'inspiration ne vous permet pas d'imaginer que votre analyste puisse :

— être atteint brutalement de surdité définitive et bilatérale ;

— devenir vétérinaire ;

— vouloir solder le dernier client avant de prendre sa retraite ;

— rentrer dans les ordres ;

— faire son alyah ;

— avoir besoin d'une place pour quelqu'un qui souffre jusqu'à plus soif.

Hé, oui ! Tout cela prouve, s'il en était besoin, que votre analyste est un bimane-bipède comme les autres et que même les mécaniques les mieux huilées peuvent vous laisser en rade. Dites-vous qu'il n'est pas mauvais d'être confronté à l'objet qui se dérobe et que la frustration qui en résulte pourra vous mener loin sur une autre monture. Sonnez donc à la porte d'un nouveau gourou sélectionné selon des critères rigoureux*.

scénario deuxième

Chanter comme un maître

Cette tactique est connue, depuis l'antiquité freudienne, sous le nom de procédé du « maître chanteur ». Elle implique, comme la figure de style décrite précédemment, une réticence certaine, de votre part, à quitter le doux cocon tissé autour du divan.

Un bien triste jour, votre auguste silencieux, suivant en cela l'illustre pratique du maître de Vienne, vous offre une dernière cigarette et un verre de cognac. C'est une manière très analytique de vous faire saisir que le couperet de la guillotine va bientôt tomber.

Il peut même aller jusqu'à vous préciser la sentence : la der des der, c'est pour l'année prochaine à la même heure.

What ? Auriez-vous mal compris ? Seriez-vous la victime d'un lapsus auditif ? Vous faudrait-il douter de la raison de votre psychanalyste ?

Non, vous aviez bien entendu. Votre officiant de tête ne délire pas. Il consent à vous accorder encore douze mois de parlote, à moins qu'il n'ait décidé d'un semestre.

Peu importe d'ailleurs la durée exacte du nouveau bail, puisque la dernière règle établie insiste sur le fait qu'il n'est pas renouvelable et que votre célébrant mettra le holà à vos flâneries inconscientes à la date précise inscrite sur ce nouveau contrat unilatéral.

Après : fini, tintin. Vous n'aurez plus droit à la moindre séance, dussent tous vos symptômes initiaux réapparaître massivement ou d'autres, encore plus morbides, vous conduire à deux doigts de la tombe. Rien n'y fera. Intraitable, le mec.

Inutile donc de vous mettre à exhaler cette odeur de sapin caractéristique qui, habituellement, apitoie à merveille votre entourage.

Ce procédé, employé au compte-gouttes dans la communauté analytique internationale suppose — et cela n'est pas si invraisemblable après tout — que votre analyste en ait marre de votre sur-place sur le canapé.

Il cherche ainsi à faire sortir votre inconscient de son trou. Il ne lui demande plus seulement de se produire sur l'Autre scène, mais de jacter une bonne fois pour toutes.

Ce travail d'artiste, qui n'est pas sans évoquer la perfection wagnérienne des *Meistersinger von Nürnberg*, est réservé aux plus talentueux des praticiens.

Si son usage est délicat, son efficacité est totale : 100 % de fin de cure assurée aux analysants pour qui le chantage va réussir, 0 % pour les autres.

Mais « comme le lion ne bondit qu'une fois », *dixit* Freud, lorsque le dispositif est enclenché, rien ne permet de reculer ou de changer d'avis. C'est comme pour la fission nucléaire, quand c'est parti, c'est parti. Impossible de maîtriser la réaction en chaîne. Reste plus qu'à zieuter la belle bleue dans le bouquet final.

Rassurez-vous, cependant. Ce scénario de la dernière chance ne l'est que pour votre analyste.

Si cette mise en demeure avec huissier, petit papier bleu, voire tentative de saisie par corps, n'aboutit qu'à faire rentrer encore plus votre

RESTAURANT
Classe
CINEMA

inconscient dans sa coquille, il vous restera toujours la possibilité de faire une deuxième tranche avec un praticien plus adroit dans les manœuvres.

A vous de trouver, pour la deuxième traversée, un capitaine qui ne confondra pas son divan avec le port de Zeebrugge et votre sortie avec celle du *Herald of Free Enterprise*.

Il s'agit maintenant, votre analyste n'étant pas de ceux qui laissent leur bel ouvrage inachevé, de lui laisser déchiffrer les signes incontournables d'une fin d'analyse : la réussite sous toutes ses formes, l'urgence de consacrer le temps libéré par la cure à une activité vitale, enfin les manifestations impératives des voies sacrées de l'inconscient.

— Quand je vais utiliser mon potentiel de joie, ça va faire du pétard !

scénario troisième

Pondre un chef-d'œuvre

L'analysant ayant au départ des propensions à l'expression artistique sera bien évidemment tenté de transformer son expérience transcendantale en œuvre d'art. Chacun connaît des exemples plus ou moins réussis sous forme de romans, de films ou de pièces de théâtre.

« Le » livre

Il va de soi qu'un ouvrage visant à la consolidation de la théorie ou une revue destinée à l'édification des masses vous expose aux critiques acerbes de votre analyste et à la sombre envie de vos pairs. Ce qui ne sert qu'à vous enfoncer un peu plus dans la cure. Il vous faudra donc viser l'œuvre de fiction tout en sachant que, comme les mémoires dont la pertinence s'altère avec le temps, une analyse réchauffée perd toute saveur. Par ailleurs, rien n'est plus soporifique que la relation de l'expérience sur le divan. Celui qui a dit : « La vie est un roman » ne pensait pas forcément à la vôtre, surtout si elle a été rabâchée à longueur de séances. Vous avez déjà épuisé votre analyste sous le récit de vos turpitudes. Inutile d'assommer, de surcroît, plusieurs milliers de lecteurs. De plus, si c'est votre seule veine d'inspiration, méfiez-vous. Le fait de remuer toute cette mélasse à coup de stylo peut vous faire retourner, vite fait, sur le divan.

« Le » film

Plutôt que de mettre en mots vos scénarios pervers, vous pourriez être tenté, c'est plus moderne, de les mettre en 24 images/seconde. Pour ne pas sombrer dans la catégorie classée XX, il vous faudrait une bonne dose de talent à la Bergman première manière, ou à la Woody Allen deuxième mi-temps.

N'allez pas ajouter votre nom à la liste déjà longue des metteurs en scène échappés du divan qui vous balancent le même plan-séquence sur la poubelle de la 42e rue pendant 1 heure et 35 minutes. Prétexte à rendre compte de la sidération dont ils furent saisis devant la production contrôlée de leur premier objet.

Lame de rasoir ensanglantée = castration, miroir brisé = narcissisme perdu, pneu crevé = aveuglement œdipien, panoramique sur les égouts de Vienne = refoulement primaire font partie du bazar hollywoodo-surréaliste dont les images usées jusqu'au cœur de la gélatine feraient bâiller le lion de la MGM. C'est comme pour la minette de Lorraine : la veine est épuisée.

« La » pièce

Oubliez tout de suite le théâtre. Dans le registre inconscient à ciel ouvert, vous ne supplanterez jamais Sophocle, Shakespeare et Labiche. Quant à la mise en scène du couple psychanalyste-psychanalysant grimé en aborigène ou grimpé sur des sabots de cheval, elle ne ferait pas un centime au festival régional de Vierzon. Si vous tenez à tout prix à exhiber votre inconscient sur les planches sans dire de conneries, il ne vous reste que le mime.

Plus rares sont les réalisations post-analytiques sous forme solide, bien que l'on puisse se demander, face à certaines toiles, sculptures ou constructions, s'il ne s'agit pas de la forme ultime d'une analyse massacrée.

De même, à l'écoute des productions sonores inscrites au répertoire de l'IRCAM, l'idée vient que l'on pourrait être en train de subir les chants désespérés sinon les plus beaux d'une cure qui s'achève dans la douleur.

— *J'aurais aimé être normal et avoir du génie.*

scénario quatrième

Faire son Bernard Tapie

Lorsque vous débarquâtes chez votre premier analyste, vous n'alliez vraiment pas fort.

Votre petit(e) ami(e) venait de vous plaquer sous prétexte de non-passage à l'acte sur sa personne durant tout un week-end pluvieux à Venise. Votre patron(tronne) vous avait rétrogradé à l'étage inférieur avec l'échelon et le salaire y afférent. Vos meilleurs amis vous fuyaient alors que vous utilisiez Gibbs trois fois par jour. Bref, côté amoureux, c'était Trafalgar, côté professionnel, Waterloo et côté social, la Berezina. Le moral des troupes baignait dans le zéro absolu (– 273,16° Celsius).

L'horizon de votre intégration sociale était placé sous de bien tristes auspices. Réclusion, chômage, onanisme, voilà ce qui vous pendait au nez.

Aujourd'hui, c'est vous qui seriez capable d'écrire *Comment se faire des amis*.

On se précipite à vos dîners prétextes à déclamation poétique. On s'écrase à vos fondues bourguignonnes musicales. On prend d'assaut vos brunchs-expos et vos méchoui-parties à thèmes. Vous êtes la coqueluche du Tout-Vitry-sur-Seine. Madame Verdurin n'est pas votre cousine.

Par ailleurs, vous avez été élu à l'unanimité président du Rotary Club, ainsi qu'à la tête des Anciennes de l'Immaculée Conception.

A la suite de promotions répétées et de médisances successives, vous avez réussi à faire virer votre chef et à prendre sa place, alors que ni savoir, ni diplôme, ni expérience, ni piston ne vous permettaient de revendiquer une telle fonction. L'analyse et rien que l'analyse a réussi à faire de vous cette franche crapule qui fait l'admiration de votre concierge, paradigme, s'il en est, du surmoi. L'illégitime vous satisfait. L'amoral vous remplit d'aise. L'infondé vous fait bicher.

Grâce à la lecture intensive et répétée des *Échos* dans la salle d'attente de votre analyste, vous vous êtes fait une petite pelote à la bourse.

Un bienfait n'arrivant jamais seul, votre idéal du moi vous autorise enfin à accepter l'héritage de votre tante Mauricette, un splendide pavillon en meulière jouxtant le périphérique.

Vous empochez tellement de fric que le prix des séances frise le dérisoire et s'apparente au pourboire exigé par la dame-pipi des *Deux-Magots*, l'odeur en moins. Situation d'autant plus insupportable que votre analyste, mû par on ne sait quel sadisme (ou masochisme), refuse de vous augmenter.

Adieu veaux, vaches, cochons, frigidité, *ejaculatio praecox*, dyspareunie, priapisme et autres drames du temps jadis. Les rouages grippés de votre appareillage anatomo-sexuel baignent désormais dans l'huile et répondent aux ordres du segment salace de votre inconscient. Vous réintriquez vos pulsions et vous atteignez enfin l'oblativité. C'est ce qui vous permet de dégotter chez Mme Desachy, l'homme ou la femme de vos rêves. Vous en êtes beaucoup plus amoureux que de votre analyste, qui vous le rend bien. Il serait même question de créer une descendance.

Si cette réussite :

— Vous tombe sur le paletot au bout de

six mois d'analyse : il s'agit soit d'un désenvoûtement effectué à votre insu par un marabout du Sud-Ouest africain, soit d'une résistance bétonnée.

— Ne vous arrive pas après soixante ans de fréquentation acharnée du divan : vous êtes soit sous l'emprise d'une sorcière du bas Berry, soit la victime d'un analyste ignorant la différence entre *Endliche* et *Unendliche**.

— Vous advient après un nombre raisonnable d'années en *decubitus* : c'est soit l'opportunité de dire au revoir et merci, soit l'occasion de s'y remettre pour de bon.

scénario cinquième

S'entraîner pour Roland-Garros

Chacun sait que pulsion sexuelle et pulsion de tennis entretiennent des rapports étroits, du moins si l'on en croit le plus fidèle et le plus brillant commentateur de Freud, Théodor Saretsky.

En effet, le tennis est particulièrement adapté pour rendre compte de ce qui se passe dans une cure menée à la force du poignet.

Dans le match interminable qui vous oppose au petit autre, vous avez, enfin, épuisé le double sens des mots sous les mots :

— lobs dehors,
— balles de break,
— Slazenger,
— surgrip cuir,
— tamis king size,

— tension 22 kilos,
— double mixte.

De plus, vous avez dépassé le stade de vos séances mégalomaniaques, avec services placés dans les angles morts, secondes balles liftées, course sur amortie avant, demi-volée derrière « Boum-Boum Becker » ou « Big Cat » Milo Mecir.

Par ailleurs, vous avez été suffisamment frustré en raquant des sommes pharamineuses, ce qui vous privait des dernières Pirelli à talonnettes amovibles en aiglethane et vous empêchait d'acquérir l'objet de vos rêves les plus érotiques : la céramique acier incrustée dans la graphite et fibre de verre, manche en coquille rapportée pour annulation des vibrations, tamis surdimensionné de 35 %.

Enfin, vous êtes guéri de votre *tennis-elbow*, affection psychosomatique s'il en est et, bien plus fort, vous êtes débarrassé de votre symptôme initial, connu sous le nom de tic de Lendl ; celui qui consiste à plonger compulsivement la pogne dans votre fouille pour y triturer une hypothétique sciure.

Vous en aurez terminé avec l'analyse lorsque vous serez capable de vous consacrer exclusivement à votre sport favori, sans voler à votre entraînement le temps précieux passé sur le divan. D'autant que le narcissisme d'un psychanalyste est toujours comblé lorsqu'un de ses ex-analysants joue les Internationaux de France. Mais êtes-vous prêt à quitter le court analytique pour celui de Roland-Garros ?

Racontez votre dernier rêve. Comment, grâce à votre passing-shot de revers gagnant le long de la ligne et votre retour de coups droits supersonique, vous avez mis une piquette à Navratilova. Si votre juge-arbitre se lève en hurlant : « Bien joué ! », c'est gagné. Vous pouvez lui annoncer que vous êtes susceptible d'affronter la réalité sur terre battue ou sur gazon.

Il va sans dire que vous pouvez parfaitement remplacer le tennis par :

— le golf,
— la bicyclette,
— le cerf-volant à pédales,
— les donjons et dragons,
— la belote coinchée.

L'important est de vous consacrer exclusivement à une activité indiscutable et pertinente quant à l'émergence des phénomènes psychiques et la possibilité de guérison des symptômes.

scénario sixième

Rêver sa fin

Le rêve, c'est connu, est la voie royale de l'entrée dans l'inconscient. Vous le savez bien, vous qui avez passé la totalité de vos nuits sous analyse à guetter le moindre fragment onirique, votre petit carnet à la main, afin de l'apporter (le fragment, pas le carnet) tout chaud chez votre devin pour le soumettre à sa sagacité. Ce que vous connaissez peut-être moins, c'est le rêve comme moyen de sortie fracassante de l'analyse.

Méfiez-vous cependant. Rien ne ressemble plus à un rêve de fin d'analyse qu'un rêve de début. Soyez donc très vigilant et n'identifiez pas n'importe quoi n'importe comment.

Les rêves où votre analyste apparaît grimé en Paul Newman, en Mahatma Gandhi, en

Bokassa, en Lucrèce Borgia, en Marie(s), femme Curie ou épouse Joseph, indiquent que la navigation suit son long cours et que vous avez encore besoin du capitaine pour le transfert à quai.

Les songes mettant en scène un triangle isocèle dont vous êtes un des angles lubriques baignent suffisamment dans la mélasse œdipienne pour vous indiquer qu'il y a toujours du pain à couper sur la planche.

Quant aux visions nocturnes au sens plus que lourdingue (clef pénétrant un sac à main, ombrelle qui s'envole sur un fil électrique, trombone à coulisse se coinçant sur le dernier contre-ut), c'est le triste quotidien, le pain bénit, la tarte à la crème, la bouteille à l'encre de la psychanalyse. Elles montrent que vous êtes en plein labyrinthe et pas près d'en sortir.

Si vous rêvez au bruit mat de la tête de votre serrurier tombant, bien tranchée, au fond d'un panier alors qu'elle était, un instant auparavant, sur le cou de celui qui ajuste les clefs de votre inconscient, c'est que vous vous trompez de chapitre. Consultez le scénario septième, beaucoup plus explicite sur la question.

Rien ne sert cependant, pour déclencher le rêve libérateur, d'accélérer artificiellement la cadence de vos productions oniriques. Les hallucinations sous haschisch, diéthylamide de l'acide lysergique (LSD), mescaline, plaquette de Mogadon dissoute dans un demi-litre de Chivas douze ans d'âge, sont de la triche. L'homme aux loups percevait bien ses redoutables bestioles, immobiles et muettes, en rêve et non peintes en rose sur les murs de sa chambre au petit matin.

Le *delirium tremens* est à déconseiller dans toute forme de cure, croyez-en M.D.

Le rêve de fin d'analyse n'apparaît que dans la position standard, alors que vous êtes mollement abandonné dans votre pageot orienté nord-sud, dans la phase paradoxale de votre sommeil caractérisée, comme chacun sait, par ses ondes ponto-géniculo-occipitales. Il se présente ainsi : tout baigne, y compris vous, dans le liquide amniotique. Tout glisse, lorsque vous vous engagez dans le défilé pelvien au-delà duquel scintille une lumineuse fluorescence. Par ici la sortie ! Votre analyste, l'Autre, est anéanti sous l'évidence du Vrai selon Eddy Mitchell. C'était la dernière séance. Le rideau sur l'écran est tombé.

Il n'arrive pas à vous lâcher

Nous venons de considérer, au travers de ces six premiers scénarios, la situation dans laquelle les portes de la liberté sont, sinon grandes ouvertes, du moins entrebâillées. Considérons maintenant le moment où, la lourde étant hermétiquement close par votre analyste promu garde-chiourme, il convient, pour faire la belle, d'utiliser les issues de secours, l'échelle d'incendie. A moins de carrément faire le mur.

Pour quelle raison votre gourou pourrait-il vouloir vous maintenir dans votre recherche du temps perdu et vous retenir sur le divan ? Négliger cette question reviendrait à faire peu de cas des emberlifications de votre inconscient, qui peut désirer une chose en énonçant son contraire. Et lycée de Versailles. Vous n'êtes pas, depuis des années, en position du chasseur couché, à traquer les manifestations de votre *Unbewusste*, pour tomber dans ce panneau, et négliger cet avertissement à poursuivre qui prend la forme sournoise d'un désir d'arrêter.

Il y a encore une autre explication à la rage de poursuivre que manifeste votre thérapeute. Vous êtes peut-être tombé sur un représentant de la race des analystes-vampires. Sur le dernier descendant du comte Dracula, qui ne lâche prise qu'à la dernière goutte d'inconsiang. Contre celui-là, le crucifix et la gousse d'ail sont totalement inefficaces. Il va falloir utiliser des ruses pour le convaincre que vous en êtes arrivé au point d'inanalysabilité (oui, nous osons) terminale. Nous vous en livrons quelques-unes. A vous d'en imaginer d'autres, encore plus perfides, pour faire imploser le moteur analytique.

— Suivez mon traitement. Et vous redeviendrez un être normal, comme les autres…

scénario septième
Divorcer à l'italienne

Tout le monde connaît cette mauvaise habitude prise dans la péninsule italienne par certains(es) époux(ses) au temps où l'assassinat était officieusement le seul moyen de divorcer admis par l'Église apostolique et romaine.

Aujourd'hui passé de mode, ce scénario peut toujours être utile pour en finir une fois pour toutes avec l'analyste, sinon avec l'analyse.

Aux antipodes des doux séjour et séparation en Paradis du plan copain-copain, le « divorce à l'italienne » est réservé aux teigneux capables des pires extrémités pour en terminer avec la chose freudienne.

Il plaira sans conteste à tous ceux qui, ne voulant ni ne pouvant être pardonnés des fautes qu'ils n'ont jamais commises, iraient jusqu'à tuer père et mère.

Soyons sérieux. Malgré notre longue enquête, nous n'avons jamais rencontré d'analysant qui en ait fini à l'arme blanche, au pistolet mitrailleur, ou comme Landru, avec une chaudière. Par conséquent, nous ne connaissons pas de collègues ayant terminé leur carrière professionnelle en servant d'exutoire au sadisme final de leur patient.

Trois exceptions à la règle d'or qui impose de ne pas faire coïncider l'inscription du mot fin avec la rigidité cadavérique de l'officiant ès analyse :

— La légitime défense : votre analyste menace votre vie au cours d'une crise de démence. Cas de figure non décrit à ce jour. Mais il faut savoir tout envisager.

— L'accident de voiture : bien sûr, au détour d'un virage, votre automobile peut perdre tous ses moyens et votre analyste se trouver face au pare-chocs. Si cette hypothèse se réalisait, prévoyez Me Vergès ou un avocat spécialisé dans la rhétorique avec le surmoi.

— La mort naturelle. Si vous avez choisi un praticien type dinosaure* vous risquez d'avoir un jour à préciser à celui-ci que la séance est terminée. Votre analyste préhistorique aura profité du récit d'un de vos rêves pour vous quitter à jamais. Devant la réalisation inopinée de votre désir (celui de vos trois ans et demi) d'en finir avec l'autorité, vous risquez une sortie dans la toute-puissance. Gare aux chevilles !

Vous avez saisi l'idée générale. Comme tout acte analytique, le divorce freudien, même à l'italienne, doit être mis en mots, par-lé. L'analyste, comme la nymphe Écho, répondant alors : « C'est fini, ini, nini... infini... »

Pour amorcer le processus, voici quelques exemples tirés du florilège cinématographique, théâtral et littéraire qui ont fait leurs preuves.

Vous pouvez associer à longueur de séances sur ces titres propres à titiller l'oreille la plus endormie.

— *Tirez sur le pianiste*,
— *Meurtre dans un jardin anglais*,
— *On achève bien les chevaux*,
— *Ascenseur pour l'échafaud*,
— *Mort à Venise*,
— *Papi fait de la résistance*.

Si cela ne suffit pas, vous pouvez lui rappeler que Molière, qui avait déjà découvert l'imaginaire grâce à un malade, a, lui, touché le réel sur scène. D'ailleurs, il en mourut. Précisez à votre écoutant que, pour vous, ce coup de théâtre a quand même plus de gueule que toutes les théories.

Vous pouvez aussi vous polariser sur la Série noire, en évitant toutefois Agatha Christie, en raison de l'inévitable Hercule Poirot qui découvre toujours le coupable. De même, oubliez James Hadley Chase. Ses héros ont encore plus de poisse que leurs victimes et se font toujours pincer par le flic du coin.

Si vous utilisiez la trame de ces romans, vous ne feriez que souligner votre vieux doute quant à l'utilité d'en finir avec l'analyse.

Usez donc plutôt sans vergogne du commissaire San-Antonio et des jeux de mots de Bérurier. Seul l'humour permet l'éclipse totale.

Dans tous ces cas de figure, n'omettez cependant pas de sous-entendre que le funeste destin du héros vous fait irrésistiblement penser que ce serait une remarquable manière de briser là.

Les sous-scénarios que nous vous avons suggérés vous sembleront, sans doute, des ficelles un peu trop grosses pour une sortie discrète. C'est oublier que votre analyste n'a pas le temps de renouveler sa culture, bloqué qu'il est par les séances qui le vrillent sur son fauteuil toute la sainte journée, les séminaires qui lui dévorent ses week-ends et les groupes de travail qui lui raccourcissent ses nuits. Rejoignez-le sur ses camps de base. Faites dans le classique et, si vous le pouvez, plus classique encore.

Dans le registre mythique, Œdipe-Roi marche toujours très fort. Quelle que soit l'allusion, il la prendra pour un règlement de compte. Sans jeu de mots.

Mais la sensibilité aux mythes de votre analyste, son talon d'Achille, c'est celui créé par Freud soi-même, celui de la horde primitive.

Racontez-lui votre version originale, plus sanglante qu'un western de Sam Peckinpah. Les fils tuant le père pour se le bâfrer. Encore et encore. Tout ça pour créer la Loi. Vous en aurez fini à la vitesse de la lumière.

scénario huitième

To bli or not to bli

Même pour un spécialiste de l'*Ego-psychology* de Springfield (Illinois), faire une analyse, ce n'est pas radoter ses moindres souvenirs. N'empêche. Si soudain vous ne vous rappelez plus rien, si, dans les couches et les sous-couches de votre in, pré, conscient c'est le règne de la *tabula rasa*, il est bien difficile de poursuivre la cure. Par conséquent, pour en finir de manière radicale avec l'analyse, un bon conseil : oubliez tout.

Pas si facile que cela en a l'air. Nous ne parlons pas ici de tout ce qui pourrait, au contraire, renforcer le processus et permettre à votre Jivaro de s'accrocher encore plus à vos basques, style :

— Oublier votre séance. (Élémentaire, mon cher Watson.)

— Oublier votre parapluie. (Ah ! ah !)

— Oublier votre fric. (Ouaf, qu'elle est bonne !)

— Dire : « A mercredi, docteur Freud. » (Encore un effort, vous y êtes presque.)

Il faut aller beaucoup plus loin que ces modestes trous de mémoire, ces lacunes amnésiques électives, ces dysmnésies passagères. Il vous faut dépasser définitivement le paradigme freudien du Signorelli et des fresques d'Orvieto.

Visez carrément l'amnésie anté-rétrograde, celle qui évoque à tout anatomo-pathologiste, même débutant, la fonte comme neige au soleil de vos tubercules mamillaires.

Comme vous n'êtes pas la victime d'un traumatisme postcrânien ou d'une démence présénile, il va falloir vous entraîner sec pour dépasser les grands modèles. Charles VI, à midi, dans la forêt maudite après le choc de la lance sur son casque d'acier. King Lear et ses trois donzelles, sur la lande balayée par un orage.

Le but ultime de la manœuvre amnésique est simple : un véritable acte de sabotage qui doit vous transformer, vous individu, en X. Ben et fils net et Ben et fils brut secondaire, si vous

— Qui êtes-vous ? Où êtes-vous ? Forces obscures qui m'avez empêché de me réaliser ?

devez commettre un délit, on portera plainte contre X.

Bref, à l'interrogation fondamentale du désir et des origines, au « *Che vuoi ?* » lacanien, au « Qui suis-je, d'où viens-je, où vais-je ? » de Pierre Dac, vous ne devez même plus pouvoir répondre : « Je suis moi, je viens de chez moi et j'y retourne. »

scénario neuvième

Bigophoner la fin

Entendre la voix de votre divin marquis à l'autre bout du fil suppose, dans un premier temps, que vous ayez séché un nombre raisonnable de tours de chevaux de bois.

Éliminons d'emblée la situation où vous téléphonez à votre gourou pour lui faire part de votre décision d'en finir. Vous lui avez déjà seriné cette bonne nouvelle dans son sonotone un certain nombre de fois. Sans résultat.

Le but est donc d'amener l'adversaire à se découvrir, c'est-à-dire à vous appeler. Ce que tout analyste bien-né exécute avec la plus grande répugnance.

Deux figures de style peuvent se présenter à vous. La française : Courage, fuyons ! L'espagnole : Prenons le toro par les cornes.

Dans le premier cas, vous aurez préalablement branché votre répondeur, avec l'un des messages suivants :

— Vous êtes bien au lieu de l'Autre mais il n'y a jamais eu d'abonné.

— Énoncez lentement vos signifiants. Nous décoderons le message inconscient de votre énonciation dès notre retour.

— Vous pourrez articuler votre demande après le top sonore.

— N'oubliez pas de préciser votre désir afin que nous puissions ne pas y répondre.

— Il n'y a plus de besoin au numéro que vous avez demandé.

Dans le second cas, il faut avoir le formulaire-réponse scotché sur votre téléphone pour pouvoir l'opposer à l'intonation hautement culpabilisatrice de la voix surmoïque qui vous sonne. Dans ce cas, en effet, l'esprit de l'escalier est fatal.

En vieux routard de la chose freudienne, votre analyste connaît le point faible de votre carcasse : la dette. Il va donc vous réclamer l'argent des séances que vous avez délibérément boycottées. Ne tombez pas dans ce piège grossier. Payer (évidemment en espèces sonnantes et trébuchantes) signifie retourner sur les lieux du crime et, dans ce cas, vous êtes cuit.

La phrase suivante, sortie d'un seul trait, d'une voix claire — à l'exclusion de tout ajoutis et de toute fioriture — doit vous permettre, foi d'Oreste Saint-Drôme, de laisser votre créancier(ère) tout(e) coi(te) :

« Grâce à vous, j'assume la dette initiale et, depuis trois minutes, la dette finale. »

Son silence risquant de s'éterniser, n'oubliez pas de raccrocher pour libérer la ligne.

scénario dixième

Régresser comme une bête

Vous avez lu, dans l'ouvrage de référence psychanalytique bien connu *la Veillée des chaumières*, que la régression est autorisée dans la cure freudienne, voire vivement recommandée.

Dans la régression, il s'agit essentiellement d'effectuer un parcours en sens inverse qui doit vous conduire, de votre état d'adulte en pleine possession de ses moyens (enfin...) au stade de nourrisson vagissant dans ses langes, en passant par la période des culottes courtes ou des socquettes, marquée par la pornographie œdipienne non censurée.

Pour quoi faire ?

Eh bien, pour vous permettre de revivre à quel point, dans vos premières expériences de satisfaction, vous avez pu être odieux pour votre entourage immédiat, essentiellement votre môman et votre pôpa qui, eux, n'étaient pas payés pour ça.

Ce retour en arrière se joue, bien évidemment, sur le registre imaginaire, sur celui des signifiants, des débordements oniriques, du débridage de vos phantasmes.

Si la règle fondamentale, dès que vous adoptez la position allongée, est bien de vous laisser aller, il y a toutefois, comme vous vous en doutez, une interprétation restrictive à cette injonction. Pas question de satisfaire totalement le principe de nirvâna. Tomber dans le scato et se comporter comme un travers de porc sont également prohibés.

Le seul sphincter que la règle analytique vous permet d'utiliser, c'est celui de vos cordes vocales. Vos contenus latents et manifestes peuvent, là, se déverser en toute liberté. Pour le reste, l'abstinence est impérative. Et si vous devez hystériser, faites dans l'hystérie de rétention.

Nul accomplissement de désir, nul acte manqué ne doit exprimer votre agressivité, votre ambivalence au niveau de vos autres orifices. Pas de bave, pas de morve, pas de pipi, pas de caca sur le divan, s'il vous plaît. De la tenue, quelle que soit votre compulsion à la répétition d'actes hautement satisfaisants, car répugnants au possible.

Votre régression doit être conforme au moi de l'analyste, c'est-à-dire à l'intégrité de son divan. Chose à laquelle il tient par-dessus tout. Vous pouvez salir son École, souiller ses théories, baver sur ses écrits, cracher sur ses grands maîtres. Mais, de grâce, ne compissez pas son divan. Il ne s'en remettrait pas.

Si, au bout de vingt années de régression dans les règles, votre nounou freudienne se refuse à vous lâcher les couches-culottes, il est temps de s'en passer, des couches comme de la nounou, et de se répandre sur le canapé.

Votre analyste ne pourra manquer d'être frappé par votre avancée, dans la théorie comme dans la cure, et par ce marquage sans pareil dans l'histoire du mouvement analytique. A moins qu'il ne veuille sauver son dessus-de-lit du péril fécal. Dans les deux cas, il vous laissera filer, extrêmement soulagé.

scénario onzième

Rejetonner

Pendant des siècles, des petites malignes ont cru se tirer des pattes de leur analyste en lui imposant une fin de cure indiscutable : un enfant. Ce rejeton, connu sous le nom d'« enfant de l'analyse », était considéré après une dizaine d'années sur le divan comme un avatar salutaire, un *must*.

Ce procédé n'était d'ailleurs pas réservé aux disciples féminines de l'analyse, puisque les messieurs pouvaient y prétendre. Il leur suffisait pour cela d'engrosser leur compagne et le tour était joué. A condition pour eux d'être malades comme des bœufs et de prendre neuf kilos pendant la durée de leur couvade.

Les analystes, pas si bêtes, ont fini par trouver la parade en imposant aux heureux géniteurs un temps supplémentaire sur le divan. Histoire d'analyser les micmacs entre loupiot imaginaire, moutard symbolique et marmot réel. Pas question de mélanger tous ces mioches, de prendre un mouflet pour l'autre, en confondant, pardessus le marché, fille et garçon.

Considérant qu'il faut au minimum 2,1 garnements pour assurer la reproduction de l'espèce, vous imaginez le boulot. C'est ainsi que plus d'un analysant s'est retrouvé titulaire du prix Cognaq-Jay avant même d'avoir pu aborder les prodromes de la fin de sa cure.

C'est alors que la procréatique assistée, science moderne s'il en est, est venue, sans le savoir, au secours des marathoniens de la filiation. Dépassés les rejetons de l'inconscient. Vivent les rejetons congelés !

Dès lors que vous pouvez :

— faire une insémination artificielle avec votre père comme donneur ;

— vous faire envoyer de Californie de la semence de prix Nobel dans un utérus de lapine ;

— sous-louer des ovocytes à votre sœur de lait ;

— refiler les vôtres à votre grand-mère ;

— emprunter l'utérus de votre mère ;

— prêter le vôtre à votre sœur ;

— acheter celui d'une guenon ;

— procréer après la mort de votre conjoint avec ses paillettes de sperme conservées au milieu des surgelés Picard ;

— fabriquer un marmot par bouturage à partir d'une bonne poire ;

— sélectionner le sexe pour ne conserver que les hermaphrodites ;

— porter votre enfant dans vos testicules, puis ceux-ci dans une brouette (formule réservée pour peu de temps encore à vous, monsieur),

les repères de filiation traditionnels de votre analyste se retrouvent cul par-dessus tête. Il n'est pas près de s'y retrouver, surtout s'il doit entreprendre le voyage jusqu'aux îles Samoa, histoire de vérifier ce que les autochtones peuvent bien théoriser sur la question depuis le dernier passage de Margaret Mead.

scénario douzième

Faire grève

Le silence n'a jamais nui à une *talking-cure* bien comprise, surtout lorsqu'une horloge comtoise vient ponctuer de ses ding-dong les blancs de votre doux babil.

Tant que votre silence évoque pour votre sujet-supposé-entendre la discrétion, la réserve du mutique, c'est dur pour lui. Mais, s'il est bien dressé, il risque de tenir le coup. Sa vie fantasmatique, d'une richesse inouïe, lui permet d'attendre la reprise du flux de votre chaîne signifiante. En effet, c'est dans ces scansions de votre discours qu'il va caser ses réflexions théoriques et philosophiques :

— J'ai oublié d'arroser le ficus.

— Qu'est-ce qui manque dans le frigo ?

— Zut ! on entend mes borborygmes.

— Après celui-là, je descends la poubelle.

— Va falloir vacciner le chien.

— Mais c'est que j'ai une petite faim, moi.

En revanche, dès que votre grève de la parole se met à ressembler à la majesté iconoclaste de l'autiste, rien ne va plus. Écouter en silence est un des métiers les plus rasoirs qui soient, mais écouter du silence mis bout à bout est une façon de gagner sa vie franchement insupportable. Des pensées aussi profondes que celles citées plus haut épuisent vite *l'homo analyticus*, alors contraint de mariner dans sa vésicule, avec sa bile la plus noire.

A l'opposé, la grève du zèle peut se révéler harassante pour votre analyste. A condition de bien choisir votre sujet. Qu'il soit surtout le plus inintéressant, le plus dénué de tout ressort dramatique possible. Parler *ad libitum* de toutes les formes de technicité possibles et imaginables, en évitant soigneusement tout agent humain, est une des formes les plus sophistiquées de sabotage de la parole.

Par conséquent, noyez-le sous :

— Les cours moyens de clôture de la semaine passée, les valeurs à revenus fixes et indexés, les taux des euro-émissions américaines et les fluctuations du marché monétaire et obligataire.

— La question de la largeur réglementaire des saillies autorisées pour les bâtiments en retrait de l'alignement et la largeur effective pour les bâtiments sujets à reculement, y compris le gabarit limite des constructions à 16,60 m pour les rues de moins 7,80 m.

— Les nuances de l'école de géographie d'Ibn Hawqual, de Muhallibi, au Xe siècle, sans oublier celles de Mugaddasi, au XIVe siècle.

— Votre opinion sur la construction théorique qui projette rétrospectivement le contre-don dans le projet du don qui n'a pas pour effet seulement de transformer en enchaînements mécaniques d'actes obligés les improvisations à la fois automatiques et contrôlées des stratégies quotidiennes.

— Le dépouillement de vos données statistiques, l'écart moyen de vos séries, les diagrammes à bâtons, vos histogrammes polaires, vos échelles, vos variances, vos écarts types et polygones divers.

Enfin, pour terminer, faites la grève sur le tas. Résistez passivement et occupez la totalité du divan après le « Nous en resterons là pour aujourd'hui », « A demain », « A bientôt », « A la prochaine », enfin l'injonction habituelle qui vous fait en général déguerpir comme si vous aviez le feu à vos baskets.

Comme votre boss freudien ne dispose pas de briseurs de grève ni de jaunes, sa salle d'attente va s'embouteiller mais aussi le palier, l'ascenseur et l'escalier de service. Ce qui risque de lui attirer des ennuis avec la copropriété.

Bref, quel que soit le mode de grève employé, le but est de contraindre l'analyste à pratiquer le *lock-out*.

scénario treizième

Faire le négatif

L'événement le plus terrible qui puisse advenir dans une cure, tous en conviennent — allongés et allongeants —, c'est la guérison.

Mais, quand l'avancée thérapeutique tourne dans le sens contraire des aiguilles d'une montre, en pointant l'heure de l'inadaptation sociale, c'est l'affolement dans la théorie, la cata sur le divan, la pagaille au-dessus, le foutoir en dessous.

Dans le patois analytique, on qualifie cette mauvaise passe de : « réaction thérapeutique négative ».

Dans l'hypothèse, toujours difficile à intégrer pour votre ça, de l'analyste-pot de colle qui n'en finit pas de vous aimer, jouer au négatif est une voie miraculeuse qu'il vous faut emprunter sans vergogne.

Le *nec plus ultra* de la négativité pour l'écoutant bon chic reste, et restera quelques décennies encore, la jouissance toxique.

En principe, la défonce vous fait tomber immédiatement et automatiquement dans les contre-indications formelles à la psychanalyse. Toutes écoles confondues, les praticiens s'entendent (pour une fois) à reconnaître à l'analyse, dans cette figure de style, une seule vertu : l'aggravation inéluctable de votre cas.

A tout seigneur, tout honneur. Commencez par les fruits de la vigne (du Seigneur). Pourquoi faire compliqué quand on peut faire simple puisque, en France, tout commence par un petit verre et finit par une bonne cuite. Il y a forcément un débit de boissons à moins de dix mètres de votre divan.

Vous n'êtes pas forcé d'arriver chez votre analyste rond comme une queue de pelle. Précisez-lui seulement que, non content de rouler dans le ruisseau, de dérouiller chaque soir votre mari et vos enfants, de rejouer gaillardement dès l'aube *l'Assommoir*, vous avez bu l'argent de la séance.

L'alcool, comme chacun sait, tuant lentement, évoquez, simultanément ou successivement, des moyens de destruction plus rapides que vous pourriez vous procurer dans toutes les bonnes pharmacies allopathiques.

L'évocation d'un barbiturique léger le matin à jeun, d'un café avec trois morceaux d'anxiolytique et d'un cocktail 1/3 antidépresseur, 2/3 sédatifs devrait être suffisante pour lui mettre la puce à l'oreille.

Plus efficace encore, le symptôme *french connection*, la bonne vieille toxicomanie. Sachez cependant doser vos effets pour obtenir un résultat optimum.

Oubliez un jour une petite cuillère noircie à la flamme sur le repose-pieds.

Puis, quelques séances plus tard, laissez traîner négligemment dans la salle d'attente un morceau de coton hydrophile maculé de sang.

Enfin, plantez une seringue insuline 1cc sur le protège-tête* avec un sourire entendu.

Si, néanmoins, ces quelques indices ne l'affolent pas complètement, poursuivez l'escalade. Arrivez stone à une séance. Faites dans l'avachi en prenant pour modèle votre première biture.

Expliquez-lui entre deux sommes, d'une voix

EUPHORISANT
FORMULE
RELAX
DYNAMI
EUPHORISANT
TRANQUILLISANT
FORMULE

youpi

pâteuse, que votre amour pour lui est incommensurable. Et que votre seule manière de ne pas passer à l'acte, c'est de vous shooter.

Si, malgré tout, il ne parvient pas à décrocher, pointez-vous un jour dans sa case après avoir imbibé vos vêtements d'éther. Il n'en pourra mais. Surtout si sa maman lui a fait sauter ses amygdales, il y a cinquante ans de cela, avec une anesthésie utilisant le même produit volatil.

En principe il sera définitivement guéri de vous.

Bien sûr, s'il est lui-même toxico, tout cela ne le fera pas du tout flipper et il pourrait même s'attacher à vous plus que jamais.

Faites-lui alors savoir que son patronyme, suivi de son adresse, figure en bonne place dans votre agenda à la page fournisseurs.

Racontez-lui vos ennuis avec les flics et vos deals pas possibles entre camés de même acabit. Comme il n'a aucune envie de voir débarquer chez lui la brigade des stups — qui, dans son esprit, précède de peu la brigade des mœurs et celle, bien plus dangereuse, des polyvalents —, vous serez définitivement sevré de votre analyste.

scénario quatorzième

Émigrer

Si vous ne pouvez envisager de vivre sous les mêmes cieux que votre ramoneur-chef sans vous sentir obligé de le visiter quatre ou cinq fois par semaine alors que vous avez vraiment épuisé le filon inconscient, il vous reste encore une solution : disparaître, vous mettre hors de portée de ses flèches interprétatives.

Le monde est vaste et il vous reste encore bien des étendues désertiques à explorer. A l'extérieur comme à l'intérieur.

L'émigration extérieure est la plus simple, la plus visible, donc la plus lisible pour votre analyste à qui il faut toujours mâcher le boulot.

Elle peut prendre la forme :

— de l'obtention d'une bourse d'études en

micro-chirurgie vasculaire au Kampuchéa démocratique ;

— du mariage avec un(e) immigré(e) expulsé(e) par Air-Pasqua ;

— de la mise en orbite sur Progress 25 autour de Mars ;

— du maternage des poulets sur le plateau du Larzac ;

— de la plongée permanente en sous-marin nucléaire ;

— de la recherche de l'échelle à poser les plinthes.

Le caractère facile, grossier et vulgaire de ces dérobades ne vous échappe pas. Vous n'avez pas fait quinze ans de canap' pour en terminer comme un(e) gougnafier (fière). Bien plus élégante mais plus difficile à déchiffrer est l'émigration intérieure.

Vous pouvez vous vider totalement la cervelle :

— en vous cognant la tête contre votre mur des lamentations privé ;

— en ressassant un tantra bouddhique ;

— en tournant avec une bande de derviches ;

— en agitant une clochette chez les Hare-Krishnas ;

— en témoignant avec les Jéhovahs ;

— en enfilant des perles avec les Enfants de Dieu ;

— en faisant retraite à la Trappe ou au Carmel ;

— en étudiant jour et nuit le S barré poinçon de petit a.

Toutes situations qui, prenant automatiquement la place de l'analyse, boutent son grand prêtre hors du champ de vos préoccupations.

scénario quinzième

Plumer un cheval

In fine, la nécessité peut vous amener à découvrir dans les tréfonds de votre inconscient des gags dignes des frères Marx.

Puisque vous êtes allé bien sagement dans le sens progrédien de la thérapeutique et non, comme dans le scénario treizième, a contrario du poil freudien, vous pensez que votre sorcier y est pour quelque chose. Vous pourriez donc avoir envie de lui offrir un petit cadeau.

Un principe bien établi veut qu'il n'accepte ni ne refuse, mais laisse votre présent traîner sur le coin du bureau afin qu'il prenne valeur de signifiant. L'interprétation du don peut mettre des siècles à dégringoler.

Cependant, vous vous en doutez, il est des

cadeaux qui ne sauraient souffrir l'attente. Exemple, le poisson.

Offrez-lui, en fonction de vos moyens, un saumon ou une sardine ou, en vertu de la hardiesse de votre processus primaire, une anguille ou un maquereau.

Il est bien évident que votre cadeau devra être acquis avec l'argent de la séance et non chouravé à l'étalage du poissonnier voisin. A moins que la délinquance ne vous apparaisse comme une solution, certes risquée, mais imparable, pour vous éclipser avec l'aide de la maréchaussée. Méfiez-vous cependant. Depuis peu, l'administration pénitentiaire admet le prolongement de certaines cures derrière les murs de Fleury-Mérogis ou de la Santé.

Autre moyen, pensez-vous, de lui complaire : l'aider à arrondir ses fins de mois en lui augmentant sa clientèle. Expédiez-lui, dans l'ordre, votre cousine issue de germain, votre belle-mère, votre meilleur(e) ami(e), votre canari, votre conjoint et ses ramifications avunculaires. Ainsi, au jeu des quatre coins, vous serez sorti rapidement.

Mais le plus beau de tous les cadeaux du

monde, c'est celui que vous voulez danser r'avec lui (air connu).

Offrez-vous.

S'il accepte, hurlez au viol.

S'il refuse, plaignez-vous pour non-assistance à personne en danger.

Les deux, d'une voix suffisamment perçante pour être entendu dans la salle d'attente.

Autre gratification possible. L'analyste — du moins le croyez-vous — souffre en silence de sa non-reconnaissance par les autorités administratives de ce pays.

Officialisez sa fonction en introduisant pour lui la symbolique du tiers. Déclarez les frais occasionnés par votre psychanalyse à votre inspecteur des impôts. Ne manquez pas d'informer votre analyste de sa promotion dans l'ordre social.

Interprétez maintenant le râle impressionnant que vous obtenez en réponse comme la scansion ultime d'une cure réussie dans sa finitude.

Gag final lorsque tous les autres ont échoué.

Durant toutes ces années votre analyste, ce personnage apparemment si distrait, a au moins acquis une certitude : celle d'analyser un homme ou une femme.

Changez de sexe.

D'accord, même pour les invalides du surmoi, ça coûte cher et c'est compliqué. Demandez à votre analyste le papier destiné au chirurgien, dûment daté et signé, certifiant que vous êtes guéri de votre sexe et que vous pouvez en changer. Sa mimique crispée indique simplement qu'il est au bord de l'infarctus. Composez le 15 avant de fermer la porte pour la dernière fois.

Elle ne vous lâche plus

Nous venons d'évoquer — qu'Il vous lâche ou qu'Il n'y parvienne pas — quinze manières pour vous éloigner définitivement de la chose freudienne.

Cependant, notre enquête dans le vaste peuple des orphelins de la psychanalyse nous a apporté un éclairage particulier sur cette aporie qu'est la fin d'une *talking-cure*. Tous les scénarios empruntés par les terminants à palais raffinés, pour efficaces qu'ils soient, leur laissent un petit goût de cendre. Un certain attrait pour le revenez-y, nostalgique et persistant, nous impose de traiter du scénario « plus un ». Imparable, sinon recommandable quand l'institution qui fait causer dans le vide de l'autre vous a définitivement agrafé ; quand *Elle ne vous lâche plus*.

Ce scénario ultime va vous métamorphoser en servant du culte freudien, en psychanalyste. Contrôles, supervisions, commissions d'enquête, examens de passage ou leur forme simplifiée, « la passe », sont les chicanes qui marqueront votre prochain itinéraire.

Les péripéties de votre réincarnation vont nous occuper maintenant durant quelques minutes.

Vous, elles risquent de vous prendre la tête un nombre respectable d'années. A vos risques et périls. On vous aura prévenu.

Règle de base : quinconque prétend exercer le métier de psychanalyste doit avoir lui-même été soumis à une psychanalyse, avoir franchi le Rubicon préconscient, avoir été, de surcroît, débarrassé de ses meilleurs symptômes par la parole.

On se demande bien pourquoi.

Exige-t-on :

— Des cancérologues d'avoir été sauvés d'un tératome testiculaire ?

— Des neurochirurgiennes d'être rescapées d'une lobotomie ?

— Des neurologues d'être guéris de leur Alzheimer ?

— *L'important, c'est que tu veuilles guérir.*

— Des garagistes d'être étanches au joint de culasse ?

— Des électriciens d'être insensibles au 3 000 volts en double phase ?

— Des cordonniers d'être bien chaussés ?

Non, le métier de psychanalyste n'est pas une profession comme les autres. D'ailleurs, il n'y a pas de diplôme *ad hoc*. Il existe pourtant des Écoles*, ô combien nombreuses, mais elles ne délivrent pas de parchemin reconnu par l'État. Cela se passe plutôt comme chez les curés, l'intronisation se fait en famille. Ce qui explique les bagarres, dignes des Atrides, qui président au renouvellement des générations d'analystes.

scénario plus un

Du côté des classiques

Les classiques regroupés au sein de l'IPA, ceux qui ont tourné leur divan dans la direction de leur Mecque de Chicago (probablement à cause de la prohibition de l'inceste), proposent une quête du Graal digne des Chevaliers de la Table ronde ou des Monty Pythons.

Il était une fois, au cœur de la forêt du Huelgoat, un beau jeune homme qui désirait ardemment devenir psychanalyste. C'était un rêve qu'il caressait depuis sa plus tendre enfance, depuis que les bonnes fées Mélanie et Anna s'étaient penchées sur son berceau et qu'il avait dévoré, jusqu'à la dernière page, un vieux grimoire intitulé *Comment choisir son psychanalyste*, découvert dans le grenier de la demeure ancestrale. Aussi, lorsqu'il monta à la capitale, se précipita-t-il toutes affaires cessantes au 187 de la rue Saint-Jacques.

Ici l'attendaient depuis toujours trois magiciens, nobles et chenus, qui lui tinrent à peu près ce langage.

« Sais-tu, mon enfant, que l'on ne devient pas psychanalyste comme cela, tout à trac ? Que c'est une longue et périlleuse aventure et que les obstacles seront nombreux sur ta route ?

« Il va te falloir, tout d'abord, narrer ta vie et tes turpitudes, même les plus innocentes, à chacun d'entre nous qui t'écouterons avec une attention flottante et, ne crains rien, avec une neutralité bienveillante.

« Ensuite, nous nous retirerons dans notre cabinet de travail afin de méditer sur la sincérité de ta prière et la qualité de ta vie jusqu'à ce jour. Ta naissance aura été quelque peu traumatique. Tes jeux d'enfant devront avoir été pervers et polymorphes. L'épistémophilie aura marqué ta phase de latence. La crise, ton adolescence. La déception, l'aube de ta maturité.

« Si tu réunis toutes ces conditions, nous en discuterons au grand conseil et nous te ferons savoir notre décision, pas plus tard que dans deux ans et demi.

« Si, ce que nous espérons, nous te répondons

oui, c'est que nous aurons choisi pour toi un praticien à ta pointure qui te mènera plus avant sur le chemin de la connaissance de toi-même. Une petite quinzaine d'années y suffira, à condition que tu sois fidèle à tes cinq rendez-vous hebdomadaires de trois quarts d'heure d'horloge chacun.

« Si ce que nous pensons se réalise, représente-toi, ici-même, dans cinq ans environ. Dès que ton druide t'aura suffisamment abreuvé de potion magique et aura senti poindre en toi l'authentique désir de te transformer, à ton tour, en psychanalyste.

« Derechef, nous évaluerons avec bienveillance, attention et sans flottement le niveau initiatique auquel tu seras parvenu.

« Si tu en es jugé digne, nous te fournirons, pour guider tes premiers pas, un grand ancien, avec un chapeau étoilé sur la tête, appelé contrôleur.

« Pour plus de sûreté, dans ce monde où le danger rôde, nous t'en affecterons même deux. Ils t'offriront les deux pauvres hères qui ne sauraient jamais être appelés à devenir druides, bien que leurs plaies nécessitent pour être pansées les bienfaits du baume analytique. C'est toi qui mèneras leur cure sous les augures de tes maîtres. Tu leur rapporteras fidèlement tous les propos qu'ils t'auront confiés.

« Nous autoriserons, dans le même mouvement, ton inscription dans notre illustre assemblée où tu pourras t'épanouir comme grouillot, commis et potache aussi longtemps qu'il le faudra. Tu ne sentiras pas passer les ans, grâce aux cercles d'études auxquels tu seras vivement prié d'assister, lorsque la nuit s'étend sur le royaume, grâce aux parchemins que tu devras noircir, sur la vie et l'œuvre de tous ceux qui t'ont précédé dans la carrière et dans la baraque.

« Un beau jour, nous réunirons à nouveau le conseil des anciens qui épluchera et dépiautera le moindre de tes faits et gestes dans notre auguste demeure depuis les vingt dernières années. C'est alors, alors seulement, que tu sauras si le chemin qui t'a conduit jusqu'à nous était vraiment le bon. »

Ainsi parlèrent les sages entre les sages.

Ainsi fit notre héros qui devint un jeune psychanalyste prodige sur le coup de ses cinquante-cinq balais.

scénario plus un bis

Du côté des modernes

Les modernes, trouvant le parcours ci-dessus quand même un peu fastoche, ont imaginé une procédure un peu plus acrobatique où les artistes travaillent sans filet. Il faut dire qu'ils ont eu longtemps comme chef de file un casse-cou à grosse tête, redoutable chef de bande qui avait concocté la combine suivante pour fabriquer du psychanalyste.

Nous allons vous raconter ça, simplement, comme ça se passe.

C'est l'histoire d'un mec.

Il a mal à l'âme, le mec. Un copain lui refile l'adresse et le blaze d'un psy chez qui il ira s'allonger deux-trois-quatre fois par semaine, trois à vingt minutes à chaque fois, pour débiter sa salade.

Un jour, ça lui prend, le mec, il se dit que son désir, là ouais, ce serait de devenir psychanalyste.

Si c'est son désir qui cause, son analyste au mec, il est forcément OK. Vu que chez ces gens-là, l'avènement du désir, ça se respecte.

D'autant que l'analyste, il ne s'autorise que de lui-même qu'il a dit un jour, de son vivant le chef. Même qu'il a ajouté : « Seul l'analyste, soit pas n'importe qui, ne s'autorise que de lui-même. » Ce jour-là, personne y a rien pigé.

Alors notre mec, il va en voir un autre qui possède une enveloppe où y a des noms d'autres mecs.

Suffit de tirer deux bouts de papier au hasard et on a ses passeurs qu'ils disent. Faut pas croire que c'est n'importe qui. C'est des gens sachant passer. Ils ont été choisis parce qu'ils ne peuvent pas tenir leur langue et qu'ils vont aller tout répéter de ce qu'ils entendent à une bande de mecs.

Le mec dont on cause, lui il est le passant. Alors il va voir ses passeurs et il leur raconte toutes les petites misères de son analyse, la traversée de son fantasme, ce qu'il pense de son analyste et, plus duraille, ce qu'il a compris des structures de la pensée viennoise. On se fout qu'il soit guéri ou pas. Pourvu qu'il apporte sa pierre à la construction de la baraque freudienne, le mec.

L'idée géniale, c'est que l'éclair qui l'a fait basculer, le mec, dans la position d'analyste, il doit aller en témoigner, non devant des zombies racornis et blanchis sous le harnais qui gèrent tranquillement leurs petites affaires, mais devant des collègues tout neufs, bruts de décoffrage.

Lesdits collègues passeurs vont faire œuvre de transmission en allant tout cafter à un jury, convoqué là, composé de costauds qui en ont entendu d'autres et qui ne vont pas s'affoler pour si peu. Ils vont d'ailleurs tellement pas speeder que leur verdict pourra prendre cent sept ans à tomber.

En effet, qu'ils disent les mecs, si l'analyse cesse, c'est de ne pas s'écrire (?!).

C'est pas grave, parce que le mec, ça fait longtemps qu'il a pris, tel un brave ancien, un contrôleur et même plusieurs pour s'y retrouver. Il s'est même autorisé des occupants pour son divan, histoire de gagner sa croûte avant l'âge de la retraite et de nourrir toutes ces oreilles.

Chute

Nous venons de vous exposer, très schématiquement, les deux grandes manières de ne pas quitter la psychanalyse tout en abandonnant votre divan. La très grande fracture qui eut lieu jadis, entre les anciens et les modernes, est désormais plus ou moins masquée par l'absence de théorisations diverses.

En effet, on a assisté, depuis lors, à des mariages contre nature, des liaisons dangereuses, des collages surréalistes.

Nous ne pouvons traiter ici de toutes les variétés hybrides, d'autant qu'elles ne cessent de bourgeonner.

Ne vous cassez pas trop la tête, cependant. Il y a fort à parier que vous vous retrouverez issu du même moule psychanalytique que votre gourou, car la filiation, c'est un truc qui vous colle à la peau comme le derme à l'épiderme.

D'ailleurs, qu'importe le flacon pourvu qu'on ait l'ivresse.

Mots de passe

Quel que soit votre mode de sortie, conclure votre analyse va vous demander un temps certain. Il n'est pas inutile, dans cet intervalle, de laisser entendre, de faire savoir à vos amis et connaissances, à votre analyste de surcroît, que vous êtes sur le point de liquider le fond du transfert.

Un analysé qui en termine ne s'exprime pas de la même façon qu'un analysant qui s'imagine être au fond de l'impasse freudienne ou encore bien loin de la passe lacanienne.

C'est pourquoi nous vous proposons un stock de mots de passe, indexés à des phrases types qui, utilisés à bon escient, permettront aux foules éberluées de se dire avec envie : « Ah, la vache, il a fini ! » Et non pas : « Oh, le pôvre, il est fini. »

Complexe de castration

C'est ce qui, du sexe opposé, succombe au refoulement. Toute analyse réussie devrait l'avoir surmonté.

Pour vous, chère petite madame, ce complexe se résume et condense en un mot : l'envie du pénis. Ne protestez pas avec cette énergie MLF. A savoir, comment peut-on avoir envie de ce machin, appendu à deux boules ridées, poilues et flétries, qui pendouille à la racine des membres inférieurs ? Il n'y a pas à tortiller, le soc final de la charrue analytique vient toujours buter sur ce roc. Il n'est jamais assez aiguisé pour aller au-delà.

Pour vous, cher monsieur, ce complexe se ramène et s'apparente à un sentiment : la révolte contre votre disposition passive ou féminine envers un autre homme. Qu'ouïs-je ? Oui, vous avez bien ouï. La sodomie, par une femme, d'accord, par un homme, niet. Vous en êtes tout sens dessus dessous, sens devant derrière ? Oh là là, dis, le terrain, il est glissant. Rappelons cependant que môssieur Freud, comme môssieur Shakespeare, il est jamais vul

— *Je suis un homme multidimensionnel étriqué.*

gaire. Seulement il a une idée fixe, son soc et sa charrue qui butent toujours en dessous de la ceinture.

Phrase type
Madame : « J'ai renoncé à ne pas avoir envie du pénis. »
Monsieur : « Un homme, quelle horreur ! »

Le sujet supposé savoir

L'analyste c'est, pour votre inconscient, l'archétype du professeur post-soixante-huitard dans le meilleur des cas, de l'instit' Troisième République dans le pire. La rose entre les dents ou la règle entre les doigts. Il sait tout sur le monde. Et sur vous, avant vous, plus encore. Du moins le pensiez-vous.

Le jour où vous pouvez lui coller mentalement un bonnet d'âne, c'est-à-dire le considérer comme une chute, un copeau, un débris, une épluchure, un résidu, une rognure, une scorie, bref, un dé-chet sale et encombrant, vous êtes prêt à mettre fin à vos chères études. Ne le jetez cependant pas comme une vieille chaussette. Il peut encore servir au suivant.

Phrase type
« Mon analyste a chu de sa position de supposé savoir. »
Ou encore :
« Untel est vieux et moche. »

Domptage des pulsions

Souvent pulsion varie, bien fol qui s'y fie. Vous qui pensiez que l'analyse allait vous libérer, serez bien attrapé. A moins que vous ne considériez comme un progrès d'être livré aux chevrons sauvages de votre *trieb* en folie.

En début de cure, vous amusez la galerie. Vos clowneries pulsionnelles font un petit tour de piste. C'est le temps des pieds de nez, des godillots qui engueulent le pavé, des fleurs qui cra-

chent de l'eau, des galipettes avant-arrière, du voulez-vous jouer avec moâ.

Mais déjà vos pulsions d'autoconservation flanquent baffes sur baffes à vos pulsions sexuelles, comme le clown blanc à l'Auguste.

Bientôt va commencer le super-show à l'américaine, avec cirque multipistes. C'est le temps du déchaînement de tous les instincts.

Sur la piste numéro 3, vos otaries gluantes et visqueuses retombent lourdement de leurs cubes en chuintant d'une voix lamentable.

Sur la piste numéro 2, vos caniches nains, la queue taillée pompon, délimitent chacun leur territoire en pissant partout.

Sur la piste numéro 1, vos lions rugissants s'apprêtent à transformer le dompteur en « Bigmac » avant de le déglutir. Le clou du spectacle.

Mais, M. Loyal, alias le Sur-Moi — repré-

sentant la dure Loi du cirque qui impose que le spectacle continue malgré la casse — ne tarde pas à ramener sa fraise et son grand fouet.

Il remet de l'ordre dans tout ce carnage en vous imposant une performance de bon ton. Jongler d'une main avec vos pulsions sans qu'une seule ne vous retombe sur la tronche.

C'est dire que la guérison est chose acrobatique.

Phrase type

« Mon autoconservation a pris le pas sur mes débordements sadiques urétraux. »

« J'ai sacrifié mes pulsions à la conservation de l'espèce. »

« Je suis guéri mais je me soigne. »

Das Ding

A prononcer obligatoirement diing' et non pas dingue. Signifie littéralement « la chose » dans la langue maternelle de Sigmund. Sa rencontre signe, selon certains esprits emberlificotés, la fin de l'analyse. Mais qu'est-ce ?

Si vous pensez que la chose c'est de « faire la chose », c'est que vous en êtes une autre. Le « ding, ding, dong » de la cloche sonnant votre dernière heure serait déjà plus proche de la réalité. En effet, le sens de ce terme se trouve dans l'au-delà. C'est l'innominé, l'*in nomine dei*.

Vous avez à peu près autant de chances de buter sur cette chose étrange venue d'ailleurs que de monter sur une soucoupe volante. Vous reconnaîtrez cependant l'apparition du truc au

fait que vous vous sentirez tout chose, tout ding, quoi.

Phrase type
« Ça y est, les gars, j'ai touché le *das Ding.* »

Identification

Il s'agit d'un processus archibanal qui consiste à se prendre pour un autre, ce qui n'est pas forcément pire, ou pour toute une série de bidules, ce qui peut être plus aléatoire. En effet, le polymorphisme des objets d'identification possibles est surprenant et s'apparente au défilé des écoles de samba pendant le carnaval de Rio. Ainsi vont pouvoir se trémousser en cadence votre père et ses belles bacchantes, votre mère

et ses talons aiguilles, ainsi que leurs tribus respectives. Sans oublier les identifications qui pour être partielles n'en sont pas moins étonnantes. Peut-on imaginer plus saugrenu que de se déguiser en seins, pénis ou fèces ? Un bon conseil, ne vous arrêtez surtout pas à ce moment délicat. Attendez plutôt de vous identifier à la merveilleuse figure de votre analyste. Devenez aussi moche, chauve, boutonneux, mal sapé, déprimé et alcoolique que lui.

Phrase type
« Je ne suis plus un autre. »
« J'erre comme un non-dupe. »

Contrôleur

Un contrôleur est un galonné cinq étoiles qui est supposé en connaître plus que le simple conducteur sur les horaires et la bonne marche de la locomotive et du convoi freudiens.

Se consulte régulièrement, lorsque, en fin de parcours personnel et au début de conduite d'un wagonnet, le chef de train néophyte veut savoir s'il appuie sur la bonne manette et s'il ne se goure pas dans les aiguillages.

Bref, quand l'analysant devient psychanalyste.

Méfiance cependant, le contrôleur se recrutant dans la série des analystes émérites, seule la casquette diffère. Évitez de tomber sur un contrôleur aussi mutique que votre analyste. Ne tombez pas dans le piège de la deuxième tranche sur une ligne secondaire.

Phrase type

« Au revoir, j'ai mon contrôle à 17 heures 03. »

« Mon contrôleur m'a dit que ça sentait l'Œdipe à plein nez. »

(Re)chute

La vérité telle qu'elle se détache des trois chapitres de cet ouvrage est finalement toute simple.

Si, après avoir utilisé l'un de nos scénarios, vous vous êtes néanmoins fichu dedans sur le moment et la manière de conclure — et vous vous en apercevrez très vite — ne désespérez pas pour autant.

Il n'y a pas à rougir, dit le grand Freud lui-même — qui causait d'or puisqu'il n'y est jamais allé — de retourner tous les cinq ans sur un divan.

C'est même fortement conseillé pour les psychanalystes. Ce qui prouve, s'il en était besoin, que ce mode de sortie est le moins radical.

Plan

Il vous lâche

Il n'arrive pas à vous lâcher

Elle ne vous lâche plus

Illustrations de Sempé extraites de :

Bonjour, Bonsoir, Denoël : p. 7. *De bon matin*, Denoël : p. 27, 81. *Face à face*, Denoël : p. 16, 48. *La Grande Panique*, Denoël : p. 71, 119. *Rien n'est simple*, Denoël : p. 38. *Saint-Tropez*, Denoël : p. 102 à 105. *Sauve qui peut*, Denoël : p. 44, 135 à 139. *Un léger décalage*, Denoël : p. 53, 133.

COMPOSÉ PAR CHARENTE-PHOTOGRAVURE
ET TIRÉ PAR BRODARD ET TAUPIN
DÉPÔT LÉGAL : FÉVRIER 1988. N° 9914 (1486-5)

Collection Points

SÉRIE POINT-VIRGULE

V1. Manuel de savoir-vivre à l'usage des rustres et des malpolis *par Pierre Desproges*
V2. Petit Fictionnaire illustré, *par Alain Finkielkraut*
V3. Quand j'avais cinq ans, je m'ai tué *par Howard Buten*
V4. Lettres à sa fille (1877-1902) *par Calamity Jane*
V5. Café Panique, *par Roland Topor*
V6. Le Jardin de ciment, *par Ian McEwan*
V7. L'Age-déraison, *par Daniel Rondeau*
V8. Juliette a-t-elle un grand Cui? *par Hélène Ray*
V9. T'es pas mort!, *par Antonio Skarmeta*
V10. Petite Fille rouge avec un couteau *par Myrielle Marc*
V11. Manuel à l'usage des enfants qui ont des parents difficiles *par Jeanne Van den Brouck*
V12. Le A nouveau est arrivé *par Pierre Ziegelmeyer et Jean-Benoît Thirion*
V13. Comment faire l'enfant (17 leçons pour ne pas grandir) *par Delia Ephron*
V14. Zig-Zag, *par Alain Cahen*
V15. Plumards, de cheval, *par Groucho Marx*
V16. Bleu, je veux, *par Gisèle Bienne*
V17. Moi et les Autres, *par Albert Jacquard*
V18. Au vrai chic anatomique, *par Frédéric Pagès*
V19. Le Petit Pater-illustré, *par Jacques Pater*
V20. Cherche souris pour garder chat, *par Hélène Ray*
V21. Un enfant dans la guerre, *par Saïd Ferdi*
V22. La Danse du coucou, *par Aidan Chambers*
V23. Mémoires d'un amant lamentable *par Groucho Marx*
V24. Le Cœur sous le rouleau compresseur *par Howard Buten*
V25. Le Cinéma américain des années cinquante *par Olivier-René Veillon*
V26. Voilà un baiser, *par Anne Perry-Bouquet*
V27. Le Cycliste de San Cristobal, *par Antonio Skarmeta*
V28. Tchao l'enfance, craignos l'amour *par Delia Ephron*

V29. Mémoires capitales, *par Groucho Marx*
V30. Dieu, Shakespeare et Moi, *par Woody Allen*
V31. Dictionnaire superflu à l'usage de l'élite et des bien nantis *par Pierre Desproges*
V32. Je t'aime, je te tue, *par Morgan Sportès*
V33. Rock-Vinyl (Pour une discothèque de rock) *par Jean-Marie Leduc*
V34. Le Manuel du parfait petit masochiste *par Dan Greenburg*
V35. L'Oiseau Canadèche, *par Jim Dodge*
V36. Des sous et des hommes, *par Jean-Marie Albertini*
V37. De l'univers à nous, *par Robert Clarke*
V38. Pour en finir une bonne fois pour toutes avec la culture *par Woody Allen*
V39. Le Gone du Chaâba, *par Azouz Begag*
V40. Le Cinéma américain. Les années trente *par Olivier-René Veillon*
V41. Mistral gagnant, chansons et dessins, *par Renaud*
V42. Les Aventures d'Adrian Mole, 15 ans, *par Sue Townsend*
V43. Le Palais des claques, *par Pascal Bruckner*
V44. La Cuisine cannibale, *par Roland Topor*
V45. Le Livre d'Étoile, *par Gil Ben Aych*
V46. Les Dingues du nonsense, *par Robert Benayoun*
V47. Le Grand Cerf-Volant, *par Gilles Vigneault*
V48. Comment choisir son psychanalyste, *par Oreste Saint-Drôme*
V49. Slapstick, *par Buster Keaton*
V50. Chroniques de la haine ordinaire, *par Pierre Desproges*
V51. Cinq Milliards d'hommes dans un vaisseau, *par Albert Jacquard*
V52. Rien à voir avec une autre histoire, *par Griselda Gamboro*
V53. Comment faire son alyah en 20 leçons, *par Moshé Gaash*
V54. A rebrousse-poil, *par Roland Topor et Henri Xhonneux*
V55. Vive la Sociale ! *par Gérard Mordillat*
V56. Ma gueule d'atmosphère, *par Alain Gillot-Pétré*
V57. Destins tordus, *par Woody Allen*
V59. Comment quitter son psychanalyste, *par Oreste Saint-Drôme*

Collection Points

SÉRIE ROMAN

R1. Le Tambour, *par Günter Grass*
R2. Le Dernier des Justes, *par André Schwarz-Bart*
R3. Le Guépard, *par Giuseppe Tomasi di Lampedusa*
R4. La Côte sauvage, *par Jean-René Huguenin*
R5. Acid Test, *par Tom Wolfe*
R6. Je vivrai l'amour des autres, *par Jean Cayrol*
R7. Les Cahiers de Malte Laurids Brigge
par Rainer Maria Rilke
R8. Moha le fou, Moha le sage, *par Tahar Ben Jelloun*
R9. L'Horloger du Cherche-Midi, *par Luc Estang*
R10. Le Baron perché, *par Italo Calvino*
R11. Les Bienheureux de La Désolation, *par Hervé Bazin*
R12. Salut Galarneau !, *par Jacques Godbout*
R13. Cela s'appelle l'aurore, *par Emmanuel Roblès*
R14. Les Désarrois de l'élève Törless, *par Robert Musil*
R15. Pluie et Vent sur Télumée Miracle
par Simone Schwarz-Bart
R16. La Traque, *par Herbert Lieberman*
R17. L'Imprécateur, *par René-Victor Pilhes*
R18. Cent Ans de solitude, *par Gabriel Garcia Marquez*
R19. Moi d'abord, *par Katherine Pancol*
R20. Un jour, *par Maurice Genevoix*
R21. Un pas d'homme, *par Marie Susini*
R22. La Grimace, *par Heinrich Böll*
R23. L'Age du tendre, *par Marie Chaix*
R24. Une tempête, *par Aimé Césaire*
R25. Moustiques, *par William Faulkner*
R26. La Fantaisie du voyageur, *par François-Régis Bastide*
R27. Le Turbot, *par Günter Grass*
R28. Le Parc, *par Philippe Sollers*
R29. Ti Jean L'horizon, *par Simone Schwarz-Bart*
R30. Affaires étrangères, *par Jean-Marc Roberts*
R31. Nedjma, *par Kateb Yacine*
R32. Le Vertige, *par Evguénia Guinzbourg*
R33. La Motte rouge, *par Maurice Genevoix*
R34. Les Buddenbrook, *par Thomas Mann*
R35. Grand Reportage, *par Michèle Manceaux*
R36. Isaac le mystérieux (Le ver et le solitaire)
par Jerome Charyn
R37. Le Passage, *par Jean Reverzy*

R79. Givre et Sang, *par John Cowper Powys*
R80. La Barbare, *par Katherine Pancol*
R81. Si par une nuit d'hiver un voyageur, *par Italo Calvino*
R82. Gerardo Laïn, *par Michel del Castillo*
R83. Un amour infini, *par Scott Spencer*
R84. Une enquête au pays, *par Driss Chraïbi*
R85. Le Diable sans porte (*tome 1* : Ah, mes aïeux !) *par Claude Duneton*
R86. La Prière de l'absent, *par Tahar Ben Jelloun*
R87. Venise en hiver, *par Emmanuel Roblès*
R88. La Nuit du Décret, *par Michel del Castillo*
R89. Alejandra, *par Ernesto Sabato*
R90. Plein Soleil, *par Marie Susini*
R91. Les Enfants de fortune, *par Jean-Marc Roberts*
R92. Protection encombrante, *par Heinrich Böll*
R93. Lettre d'excuse, *par Raphaële Billetdoux*
R94. Le Voyage indiscret, *par Katherine Mansfield*
R95. La Noire, *par Jean Cayrol*
R96. L'Obsédé (L'Amateur), *par John Fowles*
R97. Siloé, *par Paul Gadenne*
R98. Portrait de l'artiste en jeune chien, *par Dylan Thomas*
R99. L'Autre, *par Julien Green*
R100. Histoires pragoises, *par Rainer Maria Rilke*
R101. Bélibaste, *par Henri Gougaud*
R102. Le Ciel de la Kolyma (Le Vertige, II) *par Evguénia Guinzbourg*
R103. La Mulâtresse Solitude, *par Simone Schwarz-Bart*
R104. L'Homme du Nil, *par Stratis Tsirkas*
R105. La Rhubarbe, *par René-Victor Pilhes*
R106. Gibier de potence, *par Kurt Vonnegut*
R107. Memory Lane, *par Patrick Modiano dessins de Pierre Le Tan*
R108. L'Affreux Pastis de la rue des Merles *par Carlo Emilio Gadda*
R109. La Fontaine obscure, *par Raymond Jean*
R110. L'Hôtel New Hampshire, *par John Irving*
R111. Les Immémoriaux, *par Victor Segalen*
R112. Cœur de lièvre, *par John Updike*
R113. Le Temps d'un royaume, *par Rose Vincent*
R114. Poisson-chat, *par Jerome Charyn*
R115. Abraham de Brooklyn, *par Didier Decoin*
R116. Trois Femmes, *suivi de* Noces, *par Robert Musil*
R117. Les Enfants du sabbat, *par Anne Hébert*
R118. La Palmeraie, *par François-Régis Bastide*

R119. Maria Republica, *par Agustin Gomez-Arcos*
R120. La Joie, *par Georges Bernanos*
R121. Incognito, *par Petru Dumitriu*
R122. Les Forteresses noires, *par Patrick Grainville*
R123. L'Ange des ténèbres, *par Ernesto Sabato*
R124. La Fiera, *par Marie Susini*
R125. La Marche de Radetzky, *par Joseph Roth*
R126. Le vent souffle où il veut, *par Paul-André Lesort*
R127. Si j'étais vous..., *par Julien Green*
R128. Le Mendiant de Jérusalem, *par Elie Wiesel*
R129. Mortelle, *par Christopher Frank*
R130. La France m'épuise, *par Jean-Louis Curtis*
R131. Le Chevalier inexistant, *par Italo Calvino*
R132. Dialogues des Carmélites, *par Georges Bernanos*
R133. L'Étrusque, *par Mika Waltari*
R134. La Rencontre des hommes, *par Benigno Cacérès*
R135. Le Petit Monde de Don Camillo
par Giovanni Guareschi
R136. Le Masque de Dimitrios, *par Eric Ambler*
R137. L'Ami de Vincent, *par Jean-Marc Roberts*
R138. Un homme au singulier, *par Christopher Isherwood*
R139. La Maison du désir, *par France Huser*
R140. Moi et ma cheminée, *par Herman Melville*
R141. Les Fous de Bassan, *par Anne Hébert*
R142. Les Stigmates, *par Luc Estang*
R143. Le Chat et la Souris, *par Günter Grass*
R144. Loïca, *par Dorothée Letessier*
R145. Paradiso, *par José Lezama Lima*
R146. Passage de Milan, *par Michel Butor*
R147. Anonymus, *par Michèle Manceaux*
R148. La Femme du dimanche
par Carlo Fruttero et Franco Lucentini
R149. L'Amour monstre, *par Louis Pauwels*
R150. L'Arbre à soleils, *par Henri Gougaud*
R151. Traité du zen et de l'entretien des motocyclettes
par Robert M. Pirsig
R152. L'Enfant du cinquième Nord, *par Pierre Billon*
R153. N'envoyez plus de roses, *par Eric Ambler*
R154. Les Trois Vies de Babe Ozouf, *par Didier Decoin*
R155. Le Vert Paradis, *par André Brincourt*
R156. Varouna, *par Julien Green*
R157. L'Incendie de Los Angeles, *par Nathanaël West*
R158. Les Belles de Tunis, *par Nine Moati*
R159. Vertes Demeures, *par William Henry Hudson*

R160. Les Grandes Vacances, *par Francis Ambrière*
R161. Ceux de 14, *par Maurice Genevoix*
R162. Les Villes invisibles, *par Italo Calvino*
R163. L'Agent secret, *par Graham Greene*
R164. La Lézarde, *par Edouard Glissant*
R165. Le Grand Escroc, *par Herman Melville*
R166. Lettre à un ami perdu, *par Patrick Besson*
R167. Evaristo Carriego, *par Jorge Luis Borges*
R168. La Guitare, *par Michel del Castillo*
R169. Épitaphe pour un espion, *par Eric Ambler*
R170. Fin de saison au Palazzo Pedrotti
par Frédéric Vitoux
R171. Jeunes Années. Autobiographie 1, *par Julien Green*
R172. Jeunes Années. Autobiographie 2, *par Julien Green*
R173. Les Égarés, *par Frédérick Tristan*
R174. Une affaire de famille, *par Christian Giudicelli*
R175. Le Testament amoureux, *par Rezvani*
R176. C'était cela notre amour, *par Marie Susini*
R177. Souvenirs du triangle d'or, *par Alain Robbe-Grillet*
R178. Les Lauriers du lac de Constance, *par Marie Chaix*
R179. Plan B, *par Chester Himes*
R180. Le Sommeil agité, *par Jean-Marc Roberts*
R181. Roman Roi, *par Renaud Camus*
R182. Vingt Ans et des poussières, *par Didier van Cauwelaert*
R183. Le Château des destins croisés
par Italo Calvino
R184. Le Vent de la nuit, *par Michel del Castillo*
R185. Une curieuse solitude, *par Philippe Sollers*
R186. Les Trafiquants d'armes, *par Eric Ambler*
R187. Un printemps froid, *par Danièle Sallenave*
R188. Mickey l'Ange, *par Geneviève Dormann*
R189. Histoire de la mer, *par Jean Cayrol*
R190. Senso, *par Camillo Boito*
R191. Sous le soleil de Satan, *par Georges Bernanos*
R192. Niembsch ou l'immobilité, *par Peter Härtling*
R193. Prends garde à la douceur des choses
par Raphaële Billetdoux
R194. L'Agneau carnivore, *par Agustin Gomez-Arcos*
R195. L'Imposture, *par Georges Bernanos*
R196. Ararat, *par D. M. Thomas*
R197. La Croisière de l'angoisse, *par Eric Ambler*
R198. Léviathan, *par Julien Green*
R199. Sarnia, *par Gerald Basil Edwards*
R200. Le Colleur d'affiches, *par Michel del Castillo*

R201. Un mariage poids moyen, *par John Irving*
R202. John l'Enfer, *par Didier Decoin*
R203. Les Chambres de bois, *par Anne Hébert*
R204. Mémoires d'un jeune homme rangé
par Tristan Bernard
R205. Le Sourire du Chat, *par François Maspero*
R206. L'Inquisiteur, *par Henri Gougaud*
R207. La Nuit américaine, *par Christopher Frank*
R208. Jeunesse dans une ville normande
par Jacques-Pierre Amette
R209. Fantôme d'une puce, *par Michel Braudeau*
R210. L'Avenir radieux, *par Alexandre Zinoviev*
R211. Constance D., *par Christian Combaz*
R212. Épaves, *par Julien Green*
R213. La Leçon du maître, *par Henry James*
R214. Récit des temps perdus, *par Aris Fakinos*
R215. La Fosse aux chiens, *par John Cowper Powys*
R216. Les Portes de la forêt, *par Elie Wiesel*
R217. L'Affaire Deltchev, *par Eric Ambler*
R218. Les amandiers sont morts de leurs blessures
par Tahar Ben Jelloun
R219. L'Admiroir, *par Anny Duperey*
R220. Les Grands Cimetières sous la lune
par Georges Bernanos
R221. La Créature, *par Étienne Barilier*
R222. Un Anglais sous les tropiques, *par William Boyd*
R223. La Gloire de Dina, *par Michel del Castillo*
R224. Poisson d'amour, *par Didier van Cauwelaert*
R225. Les Yeux fermés, *par Marie Susini*
R226. Cobra, *par Severo Sarduy*
R227. Cavalerie rouge, *par Isaac Babel*
R228. Tous les soleils, *par Bertrand Visage*
R229. Pétersbourg, *par Andréi Biély*
R230. Récits d'un jeune médecin, *par Mikhaïl Boulgakov*
R231. La Maison des prophètes, *par Nicolas Saudray*
R232. Trois Heures du matin à New York, *par Herbert Lieberman*
R233. La Mère du printemps, *par Driss Chraïbi*
R234. Adrienne Mesurat, *par Julien Green*
R235. Jusqu'à la mort, *par Amos Oz*
R236. Les Envoûtés, *par Witold Gombrowicz*
R237. Frontière des ténèbres, *par Eric Ambler*
R238. Les Deux Sacrements, *par Heinrich Böll*
R239. Cherchant qui dévorer, *par Luc Estang*
R240. Le Tournant, *par Klaus Mann*

R241. Aurélia, *par France Huser*
R242. Le Sixième Hiver, *par Douglas Orgill et John Gribbin*
R243. Naissance d'un spectre, *par Frédérick Tristan*
R244. Lorelei, *par Maurice Genevoix*
R245. Le Bois de la nuit, *par Djuna Barnes*
R246. La Caverne céleste, *par Patrick Grainville*
R247. L'Alliance, tome 1, *par James A. Michener*
R248. L'Alliance, tome 2, *par James A. Michener*
R249. Juliette, chemin des Cerisiers, *par Marie Chaix*
R250. Le Baiser de la femme-araignée
par Manuel Puig
R251. Le Vésuve, *par Emmanuel Roblès*
R252. Comme neige au soleil, *par William Boyd*
R253. Palomar, *par Italo Calvino*
R254. Le Visionnaire, *par Julien Green*
R255. La Revanche, *par Henry James*
R256. Les Années-lumière, *par Rezvani*
R257. La Crypte des capucins, *par Joseph Roth*
R258. La Femme publique, *par Dominique Garnier*
R259. Maggie Cassidy, *par Jack Kerouac*
R260. Mélancolie Nord, *par Michel Rio*
R261. Énergie du désespoir, *par Eric Ambler*
R262. L'Aube, *par Elie Wiesel*
R263. Le Paradis des orages, *par Patrick Grainville*
R264. L'Ouverture des bras de l'homme, *par Raphaële Billetdoux*
R265. Méchant, *par Jean-Marc Roberts*
R266. Un policeman, *par Didier Decoin*
R267. Les Corps étrangers, *par Jean Cayrol*
R268. Naissance d'une passion, *par Michel Braudeau*
R269. Dara, *par Patrick Besson*
R270. Parias, *par Pascal Bruckner*
R271. Le Soleil et la Roue, *par Rose Vincent*
R272. Le Malfaiteur, *par Julien Green*
R273. Scarlett, si possible, *par Katherine Pancol*
R274. Journal d'une fille de Harlem, *par Julius Horwitz*
R275. Le Nez de Mazarin, *par Anny Duperey*
R276. La Chasse à la licorne, *par Emmanuel Roblès*
R277. Red Fox, *par Anthony Hyde*
R278. Minuit, *par Julien Green*
R279. L'Enfer, *par René Belletto*
R280. Et si on parlait d'amour, *par Claire Gallois*
R281. Pologne, *par James A. Michener*
R282. Notre homme, *par Louis Gardel*
R283. La Nuit du solstice, *par Herbert Lieberman*

R284. Place de Sienne, côté ombre
par Carlo Fruttero et Franco Lucentini
R285. Meurtre au comité central
par Manuel Vásquez Montalbán
R286. L'Isolé soleil, *par Daniel Maximin*
R287. Samedi soir, dimanche matin, *par Alan Silitoe*
R288. Petit Louis, dit XIV, *par Claude Duneton*
R289. Le Perchoir du perroquet, *par Michel Rio*
R290. L'Enfant pain, *par Agustin Gomez-Arcos*
R291. Les Années Lula, *par Rezvani*
R292. Michael K, sa vie, son temps, *par J. M. Coetzee*
R293. La Connaissance de la douleur
par Carlo Emilio Gadda
R294. Complot à Genève, *par Eric Ambler*
R295. Serena, *par Giovanni Arpino*
R296. L'Enfant de sable, *par Tahar Ben Jelloun*
R297. Le Premier Regard, *par Marie Susini*
R298. Regardez-moi, *par Anita Brookner*
R299. La Vie fantôme, *Par Danièle Sallenave*
R300. L'Enchanteur, *par Vladimir Nabokov*
R301. L'Ile atlantique, *par Tony Duvert*
R302. Le Grand Cahier, *par Agola Kristof*